FORTIFICATIONS

DE PARIS.

DE L'IMPRIMERIE DE CRAPELET,

RUE DE VAUGIRARD, Nº 9.

DE LA
DÉFENSE DU TERRITOIRE.

—

FORTIFICATIONS

DE PARIS.

Ne pas fortifier Paris serait un tort; le fortifier outre mesure serait un mal.

En fortification, ces grandes masses de terre et de maçonnerie qu'on élève, de quelque manière qu'elles aient été conçues, une fois établies, cimentées, les ouvrages restent; alors il n'y a plus à discuter, car il faudrait démolir pour remanier.

Les discussions ne doivent pas être éternelles, surtout lorsqu'il faut agir; cependant, sans discussions, les premiers forts détachés auxquels le Gouvernement a renoncé, auraient été construits sans grand profit pour la défense et au grand détriment de la capitale.

En pareille matière, la discussion n'est donc pas seulement utile, mais indispensable, surtout quand il s'agit de transformer la capitale de la France en place de guerre du premier ordre.

PRIX : **2 fr.**

A PARIS,

CHEZ GAULTIER LAGUIONIE (MAISON ANSELIN),
RUE ET PASSAGE DAUPHINE, Nº 36.

1840.

Dans les circonstances difficiles, tout citoyen qui peut avoir devers lui quelques idées, qu'elles soient bonnes ou mauvaises, dès qu'il les croit bonnes et d'une application utile au pays, il lui en doit compte.

M'étant occupé de fortifications par devoir et par goût, ayant depuis étudié la question des fortifications de Paris, je livre à l'examen des citoyens qu'une aussi grande question doit intéresser, le fruit de mon travail, le résultat de mes réflexions.

A cette question j'aurais pu en rattacher une autre également importante concernant les modifications que la fortification réclame depuis si long-temps dans le tracé du front bastionné :

L'artillerie, toute-puissante dans l'attaque des places, qui démonte les pièces de l'assiégé, qui rase les parapets, détruit les maçonneries et ouvre les brèches, est cependant bientôt condamnée à l'impuissance dès qu'elle se trouve sur des remparts préparés à l'avance et le plus solidement construits. Quelle en est donc la cause? elle ne peut être dans les effets propres de l'artillerie, car les bouches à feu projètent avec la même violence les boulets, les obus et la mitraille, que ces projectiles partent des remparts ou des tranchées. Cette cause ne peut donc être que dans le tracé défectueux des fortifications appropriées dans la défense rapprochée plutôt aux feux impuissants de la mousqueterie qu'à l'emploi terrible de l'artillerie dont les projectiles partant des remparts devraient avoir plus d'effet que des tranchées, puisque celles-ci ne consistent qu'en de faibles épaulements de terre fraîchement remuée même sous les feux de la place, tandis que les remparts étudiés et construits à loisir sont revêtus en maçonnerie avec parapets plus épais et terres raffermies.

J'ai recherché comment il serait possible, par des modifications à apporter au tracé et au profil du front bastionné, de restituer *surtout* à l'artillerie son efficacité, et d'augmenter les moyens de résistance dans les nouvelles places qui seraient à construire.

Ce serait une chose si bonne et si grande que le faible pût résister au fort, le bon droit aux embûches et à la force brutale, que les forteresses pussent devenir en quelque sorte inviolables comme l'est le domicile du citoyen en France, à Paris !

Aussi, il n'y a rien de surprenant que tant de systèmes de fortification plus ou moins compliqués aient déjà été conçus, que tant d'hommes spéciaux et autres s'en soient occupés.

Tous ces efforts si souvent réitérés et toujours impuissants, ne m'ont cependant pas découragé : je pense être parvenu à deux solutions bien simples de ce grand problème : le front *toujours* bastionné serait dans les deux cas moins coûteux que celui de Cormontaingne, et d'une résistance plus longue; alors il n'y aurait plus moyen de fixer jour par jour les progrès de l'assiégeant arrivé à la troisième parallèle, car l'artillerie exercerait bien autrement sa puissance aux derniers périodes d'un siége; des brèches ne pourraient être pratiquées ni de loin ni de près aux courtines de ces fronts sans tenailles et même sans dehors, et dont les bastions seraient cependant pourvus de retranchements intérieurs, etc. etc.

Dans les deux suppositions que ces idées aient ou n'aient pas tous les avantages que je leur accorde, je dois m'abstenir de les livrer à présent à la publicité, étant tout disposé à les soumettre à M. le ministre de la guerre. Je ne me propose donc point de traiter ici de ces choses, mais de présenter des considérations diverses sur la défense du territoire, et particulièrement sur les fortifications de la capitale.

Paris doit enfin être pourvu de moyens défensifs: c'est dans les circonstances difficiles que les nécessités apparaissent dans toute leur évidence.

Le Gouvernement, en affectant à ces travaux 100 millions, prouve bien qu'il est disposé à faire de grands sacrifices; mais il faut que de si grands sacrifices soient à la fois les plus avantageux pour la défense et le moins possible onéreux pour la capitale de la France.

Des forts détachés d'une part, une enceinte continue de l'autre, avaient déjà été proposés, et si c'est un mal que Paris ne soit pas encore à l'abri d'une attaque, c'est peut-être un bien que ni les forts détachés ni même l'enceinte continue, tels qu'ils avaient été proposés, n'aient pas été mis à exécution; il est possible que cela ressorte de l'exposé qui en sera fait dans cette brochure.

Le projet qu'il est maintenant question de réaliser, réunit les deux modes de fortification; est-il de beaucoup préférable? il est certain qu'il sera beaucoup plus dispendieux, et qu'il imposera des servitudes très-onéreuses. Mais pour bien apprécier toute la valeur intrinsèque du nouveau projet, il faudrait avoir plus de données. Jusqu'à ce qu'il soit connu dans son ensemble et dans tous ses détails, il n'est donc possible de l'aborder que par des considérations générales et par des inductions tirées des deux systèmes qu'il embrasse, et qui avaient été abandonnés.

Sans doute, il ne faut pas des discussions éternelles, car il faut agir; mais encore dans une question aussi grande, tout en faisant la part des travaux nécessaires pour mettre de suite Paris à l'abri d'une attaque de vive force, il importe que dans l'exécution d'ouvrages bien plus considérables, qui exigera plusieurs années, la défense du territoire, le salut de la capitale, puis ses intérêts propres en temps de paix, soient autant que possible conciliés.

Les fortifications à faire autour de Paris doivent en effet être dans un certain rapport avec les moyens de défense du territoire, car il est évident que plus l'ennemi trouverait de résistance sur son chemin, avant d'atteindre Paris, moins de grandes fortifications seraient ici indispensables.

Mais tous ces moyens doivent-ils donc être concentrés sur la capitale? si des dix-huit ou vingt forts qui doivent cerner Paris, quelques-uns seulement, mais beaucoup plus vastes, étaient détachés sur les routes que doit tenir l'ennemi, qu'ils fussent dans des positions avantageuses sur des rivières : la Seine, la Marne, l'Oise, où ils serviraient à la fois de têtes de pont et de camps retranchés qu'il serait facile d'étendre, de fortifier solidement et à peu de frais, quels services ne pourrait-on pas en attendre, et dans l'intérêt de l'armée qui y trouverait des ressources, des points d'appui, et dans l'intérêt de la capitale qui serait alors moins menacée, enfin dans l'intérêt même de sa défense, qui, comme on le verra dans cet écrit, semblerait devoir reposer sur des bases encore plus larges, sans que les moyens fussent, à beaucoup près, aussi onéreux.

Pour rendre mieux mes idées, leur donner du corps, j'aurais vivement désiré pouvoir joindre à cet écrit au moins une carte des environs de Paris, avec une esquisse des ouvrages dont il me semblerait convenable d'entourer la capitale : cette carte aurait pu offrir plus d'intérêt encore, si le projet ministériel avait pu y être ajouté. A défaut d'une telle carte, je prie les lecteurs qui voudront bien prêter un peu d'attention à cet opuscule, d'avoir sous les yeux une carte détaillée des environs de Paris. Quelques expressions techniques employées n'empêchent pas d'ailleurs que l'exposé que je fais des choses ne soit à la portée des diverses classes de personnes que des questions aussi importantes doivent intéresser.

Les moyens inertes, la fortification comme tout le matériel de guerre, n'ont de valeur que par les hommes qui doivent s'en servir : la force morale est donc un moyen aussi, mais un moyen bien plus puissant qu'il faut étendre, entretenir, afin de pouvoir en disposer au besoin. Je devais donc faire mention de cette puissance morale ; ce que j'ai cru devoir dire sur ce sujet, sera présenté en tête de l'écrit dans les Considérations générales.

Paris, le 8 octobre 1840.

Joachim MADELAINE.

DÉFENSE DU TERRITOIRE.

FORTIFICATIONS DE PARIS.

CONSIDÉRATIONS GÉNÉRALES.

Le Gouvernement vient de prendre une mesure grave en décidant que Paris sera transformé en place forte et que cent millions d'abord seront affectés aux travaux à exécuter.

Sans doute la nécessité de couvrir Paris était déjà assez généralement reconnue, pour que l'on ait même à regretter qu'en 1840, dix ans après la Révolution de Juillet, la capitale de la France n'ait pas été mise en état de défense.

Les funestes événements de 1814 et de 1815, l'insuffisance bien démontrée de nos places fortes et nos frontières que la Sainte-Alliance a même disposées au nord-est de manière à pouvoir pénétrer plus facilement sur notre territoire et arriver en quelques journées de marche sous les murs de Paris; d'autre part, nos institutions qui, en nous gagnant la sympathie des peuples, devaient exciter contre nous la haine des gouvernements absolus et entretenir en eux cette haine dont nous ressentons actuellement les effets, enfin l'influence que l'occupation de la capitale par l'ennemi aurait sur les destinées de la France, si, dans les circonstances les plus malheureuses, il parvenait à s'en emparer; tous ces motifs étaient assez puissants pour qu'on se hâtât de mettre la main à l'œuvre et de fortifier Paris non de manière à en faire une place de guerre du premier ordre, mais de manière à arrêter l'ennemi sous ses murs et à arriver par d'autres dispositions convenables à ce qu'il ne pût en aucun cas y pénétrer.

Il a fallu pourtant des circonstances telles que celles dans lesquelles nous nous trouvons pour que le Gouvernement ait pu prendre une aussi grande résolution, qui ne saurait être que louable, si dans de telles circonstances on a en vue d'exécuter les travaux les plus pressants ayant pour but de mettre la capitale d'abord à l'abri d'une attaque de vive force.

La France, puissance du premier ordre dont les armées ont occupé naguères les différentes capitales de l'Europe, les gouvernements de la quadruple alliance s'en souviennent peut-être encore, la France avec sa population compacte, brave, intelligente, avec ses 33 millions d'habitants, avec ses finances et ses ressources en matériel, aurait-elle eu à souffrir ou à venger les insultes que vient de lui faire la nouvelle alliance par la signature et l'exécution du fameux traité de Londres?

1°. *Si notre système de défense du territoire était mieux entendu,* mieux en rapport *et* avec les mouvements aujourd'hui beaucoup plus faciles des armées plus manœuvrières, bien moins appesanties par leur matériel, *et* avec les progrès de l'industrie qui, en fécondant le sol, en ouvrant de nouvelles routes, aplanissant ainsi les obstacles et multipliant les ressources, doivent contribuer à rendre les invasions plus faciles [1];

2°. *Si par un mode de recrutement meilleur et à la fois bien plus économique*, la France avait HUIT CENT MILLE *soldats* disponibles, tant sous les drapeaux, que détachés et dans deux bans de réserve, soldats tous de vingt à trente ans, jeunes, intelligents, vigoureux, capables de supporter les plus grandes fatigues, disposés à braver joyeusement les périls et que le Gouvernement pourrait réunir sous les drapeaux *en moins d'un mois* [2];

3°. Enfin, *si notre Gouvernement avait eu moins de ménagements envers les gouvernements absolus :* la modération dans les gouvernements, comme la générosité dans les individus peuvent être attribuées à la faiblesse par leurs ennemis; mais pour les gouvernements les suites en sont bien autrement graves soit par les souffrances qui en résultent pour les populations, par la stagnation des affaires, soit par les dépenses énormes à faire, lorsqu'il faut enfin montrer de l'énergie, non pour reprendre sa place, mais pour la faire bien reconnaître. Les circonstances présentes en offrent la preuve

[1] Cent cinquante places sur nos frontières exigeant de grands frais d'entretien en temps de paix et bien plus onéreuses en temps de guerre, absorbant alors un matériel considérable et 250 à 300,000 hommes en garnisons, sans pouvoir empêcher l'ennemi de pénétrer dans l'intérieur où nos armées sont dépourvues de points d'appui, de positions fortifiées !

[2] Le budget du Ministre de la Guerre en France est *seul* aussi fort que les budgets *entiers* de deux puissances, la Prusse et le Piémont, qui pourtant, en temps de guerre, avec leur réserves *exercées* auraient ensemble des armées presque aussi fortes que celles de la France, déduction faite de nos gardes nationales mobilisées et de nos bataillons de volontaires.

trop évidente; il en doit ressortir pour l'avenir des enseignements salutaires![1]

Trois mobiles divers maîtrisent présentement la quadruple alliance :

1°. L'intérêt mercantile qui fait du *gouvernement* anglais indifféremment le suppôt du despotisme ou le soutien de la liberté, pour lequel tout est spéculation, et qui, suivant ses intérêts du moment, sera juif, turc ou chrétien, pourvu qu'il y ait des guinées à gagner, de nouveaux comptoirs à établir et de nouvelles routes commerciales à accaparer ;

2°. L'esprit de conquêtes, qui plus particulièrement domine la Russie moins civilisée ;

3°. Enfin, l'esprit de réaction, moins contre notre influence actuelle que contre nos *institutions*, qui anime l'Autriche et la Prusse comme la Russie.

Cependant, pour que la guerre fût désirée par ces gouvernements contre la France, il faudrait qu'ils eussent oublié la puissance de la révolution de 1830 et ses résultats au dehors sans les moindres efforts du Gouvernement français : la Belgique, l'Espagne, la Suisse, l'Italie, l'Angleterre, l'Allemagne, en un mot l'Europe entière accueillant avec acclamation cette grande révolution faite au profit du monde[2].

---

[1] Assurément, ce ne sont pas les éléments de puissance qui manquent à la France. Mais pour que le vaisseau, dont le vent tend les voiles, résiste aux tempêtes et ne fasse pas fausse route, il faut qu'il soit fortement constitué, que tout y soit en harmonie, et que la route bien tracée, le gouvernail soit toujours tenu par des mains fermes et intelligentes.

Dans un *gouvernement*, la puissance n'est pas variable comme les vents, il n'y a pas à louvoyer.

[2] Quelles circonstances plus favorables pour arborer de nouveau le drapeau français sur les cimes des Alpes et sur les rives du Rhin ?

Comment aujourd'hui la quadruple alliance se montre-t-elle re-

Et la Pologne, cette noble et malheureuse nation effacée, mais qui un jour doit être relevée plus grande, plus puissante, lorsque le voudront deux grandes nations, la France d'une part et les peuples de l'Allemagne réunis sous moins de drapeaux différents. Nationalités allemande, polonaise, italienne, espagnole, voilà les progrès d'un avenir plus ou moins prochain. La grande société allemande constitutionnelle et libérale, voilà aussi dans l'avenir un allié naturel de la France contre le monopole commercial de l'Angleterre, et contre les envahissements de la Russie. Alors la Pologne, dont les meilleurs citoyens ont succombé, sont proscrits, dispersés dans le monde, ou subissent encore les tortures de l'esclavage dans les contrées glacées de la Sibérie, alors cette nation généreuse qui a été abandonnée aux ressentiments du tzar moscovite, pourra, par la toute-puissance de l'Allemagne et de la France, reparaître avec des frontières s'étendant des rives du Danube à la mer Baltique, et, *déclarée neutre,* soutenue au besoin, elle servirait ainsi de barrière aux invasions des Cosaques, des Kalmouks en Allemagne; alors la vaillante Pologne pourrait dire à ces barbares : *Vous n'irez pas plus loin* [1].

Si la puissance militaire de la France n'est pas encore, il s'en faut, tout ce qu'elle devrait être, est-ce

connaissante de tant de modération! Mais la guerre déclarée, les souverains maîtriseraient-ils à leur gré leurs populations ayant alors pour appui la [France qui ne saurait les abandonner sans qu'elles eussent obtenu des garanties de liberté?

[1] L'association douanière allemande n'est-elle pas déjà un pas fait vers l'unité gouvernementale? Si cette association s'étendait à la Suède, à la Hollande, et la France y prenant part, n'en pourrait-il pas résulter plus tard pour l'Angleterre des conséquences bien autrement graves que le blocus continental de 1810? Le mo-

une raison de croire que les alliés recherchent plus qu'ils ne craignent une guerre avec la France? [1]

Sans doute il y a de la passion, de la haine, dans les conseils de la quadruple alliance; mais ces conseils ne sauraient être assez aveuglés pour se persuader qu'une invasion en France fût exécutable à présent comme en 1814 et en 1815; car ils savent que hommes et choses en France et à l'étranger ne sont plus les mêmes.

Autant l'Empire Français apparaissait puissant,

nopole apparaîtra enfin aussi intolérable de nation à nation qu'il l'est déjà pour les individus dans une même nation en France, en Angleterre, etc.

Quant à la question de *neutralité*, c'est là une noble et grande pensée pour la paix du monde. Mais pour que la neutralité fût toujours réelle, il faudrait qu'elle fût assez forte pour se faire respecter elle-même.

La Suisse, la Belgique sont-elles par elles-mêmes assez puissantes? Si la Savoie d'une part, et de l'autre les provinces de la rive gauche du Rhin ne devaient pas appartenir à la France, ne devraient-elles pas être réunies l'une à la Suisse et l'autre à la Belgique dans l'intérêt commun de ces peuples et comme gage beaucoup plus certain d'une paix durable? La France y trouverait au moins un double dédommagement, l'un, tout positif, d'avoir à se garder sur des frontières bien moins étendues, le Rhin, le Var, et les Pyrénées, l'autre, moral, d'effacer du traité de Vienne un des articles les plus offensants, les plus hostiles et renfermant des germes permanents de provocation.

[1] Retenus par la crainte d'une conflagration générale, les alliés ne sont assurément pas tentés de déclarer la guerre à la France qui, puissante par elle-même, qui, de plus, a pour elle la force des choses, pourrait attendre, si son gouvernement n'était pas engagé.

Qu'on veuille bien remarquer encore combien l'industrie développée et de grandes relations commerciales enlacent déjà les gouvernements et doivent contribuer désormais à rendre les guerres moins fréquentes et mieux motivées que par le passé, tant il est vrai de dire que la civilisation qui rapproche les hommes, qui leur donne les mêmes intérêts à conserver, doit tendre à ne faire en quelque sorte du monde sous son sceptre qu'une seule nation.

lorsque s'étendant de Rome à Hambourg, par les ordres de l'Empereur, des positions au loin avaient été fortifiées, des places fortes agrandies ou restaurées, en Hollande, en Allemagne et jusqu'au fond de l'Italie pour assurer ses conquêtes, autant la France se trouva affaiblie en 1814 : dans les temps de prospérité des préparatifs n'avaient pas été faits pour la défense de la France dans ses limites des Alpes et du Rhin avec les têtes de pont d'Huningue, de Kell, de Cassel, etc., limites qui auraient pu suffire à une moins grande ambition.

Napoléon avait été élevé à la fois par son puissant génie, par la fortune et par la flatterie trop haut pour qu'il pût songer à des revers : maître des hommes et de la puissance révolutionnaire qu'il s'était appropriés, toujours vainqueur, lorsque dans le cours de ses conquêtes il occupait tour à tour les différentes capitales de l'Europe, pouvait-il prévoir que son étoile pâlirait, que la fortune se lasserait de lui être prospère, que sa grande armée, que ses soldats, instruments de sa gloire jusque-là invincibles, succomberaient sous la rigueur des frimas de la Russie, que bientôt tant d'ennemis si souvent vaincus se coaliseraient et profiteraient des exemples qu'il leur avait donnés, que tous ces nouveaux alliés marcheraient à la fois sur Paris, s'en empareraient, et que la possession de la capitale déciderait du sort de l'Empire et de celui de la nouvelle dynastie?

Alors la France, épuisée par les levées d'hommes successives, ses jeunes armées décimées par la guerre, et plus encore par les grandes privations et les maladies, affaiblies par les défections et par les corps nombreux laissés partout dans les places répandues sur nos frontières et à l'étranger; d'autre part, plusieurs chefs de corps, riches de gloire, de titres et de dotations, fatigués, l'esprit public surtout engourdi depuis trop longtemps par une presse censurée et par l'omnipotence d'un maître absolu, l'opposition subite manifestée par des membres jusqu'alors muets du Sénat et du Corps législatif ; enfin, au dehors toutes les populations allemandes irritées par notre domination, l'Europe entière du nord au midi se ruant sur la France affaissée et qui, par conséquent, ne pouvait tout à coup retrouver l'élan de 92 ; tant de causes réunies devaient nécessairement produire les plus funestes effets : les alliés pénétrèrent en France, et traversant les lignes de nos anciennes forteresses sans beaucoup s'en inquiéter, leurs armées s'emparèrent de Paris après quelques combats toujours glorieux pour nos armes [1].

Combien il est pénible de rappeler les désastres d'un

---

[1] Tant que le système défensif du territoire ne sera pas mieux organisé, tant que nos réserves ne seront pas plus nombreuses et *exercées* à l'avance, il faut avoir en mémoire les malheurs passés, et ne pas oublier surtout que la *Sainte-Alliance* qui, dans ses proclamations déclarait vouloir la France *grande, forte et heureuse,* qui annonçait n'en vouloir qu'à un seul homme, ne s'est pas moins emparée d'une portion de notre territoire, qu'elle a resserré les limites de l'ancienne France, qu'elle s'est emparée de Landau, de Sarre-Louis et nous a imposé la démolition des remparts d'Huningue.

Dans ses déclarations, la Sainte-Alliance en appelait à la postérité ; mais la postérité dira que cette alliance inouïe, toute sainte qu'elle se proclamait, ne donna pas moins, dès qu'elle put, un libre cours à ses inspirations de haine et de vengeance. Exemple funeste des effets de la force brutale qui ne peut être contenue, maîtrisée que par la force !

En fait d'alliances, pour être saintes, il faut qu'elles soient formées, qu'elles agissent dans l'intérêt des peuples ; et les peuples de l'Allemagne ont pu aussi apprécier jusqu'à quel point les promesses les plus solennelles ont été tenues ou violées par leurs gouvernements.

jour après vingt-cinq ans de gloire et de succès continus; mais en remontant aux causes des événements
passés, on peut mieux apprécier combien les circonstances actuelles sont différentes; ce que la France a
gagné en puissance et ce qui lui reste à faire pour l'accroître et la consolider, non dans un intérêt de pur
égoïsme, mais dans l'intérêt de la civilisation et de la
liberté. Dans ce système accepté et suivi avec fran-
chise en opposition avec celui qui domine aujourd'hui
la quadruple alliance, notre Gouvernement *seul* contre
tous les gouvernements ligués aurait pour lui leurs
populations, parce que notre cause est leur cause, et
qu'un appel qui leur serait fait serait à coup sûr entendu.

Les moyens matériels, armes, munitions et places
fortes sont sans doute nécessaires; on doit avoir le
plus possible des uns, et des forteresses en nombre suffisant et bien réparties. Par prudence, pour se mettre
à l'abri de toutes les éventualités les plus malheureuses,
Paris doit recevoir des moyens de défense, sans qu'il
soit nécessaire ni même utile de faire pour cela de cette
vaste capitale, de la métropole de la civilisation, rendez-vous général des étrangers, siége du gouvernement
et du pouvoir législatif, une place de guerre du premier ordre, ni même *en temps de paix* une place de
guerre ordinaire. Nous nous expliquerons plus loin.

Les circonstances actuelles sont graves, et l'on songe
à élever autour de Paris des masses de fortifications,
tirant leur principale valeur de revêtements en maçonnerie, qui pour être achevés exigeront des années! mais
lorsque le temps presse, il est une autre puissance bien
plus imposante, qui domine toutes les autres, la puissance morale qui remue les masses, qui les fait mouvoir

et rend les hommes capables des plus grandes choses,
ainsi que l'atteste assez l'histoire de nos deux grandes
révolutions; et cette grande puissance, ce levier pro-
digieux, le gouvernement français l'a entre ses mains,
il peut en disposer pour éloigner la guerre ou pour la
faire avec succès, si les souverains absolus étaient assez
aveuglés pour vouloir en courir les chances.

Deux époques, 1789 et 1830, doivent être consi-
dérées comme les plus mémorables des temps modernes,
non-seulement par le peuple français, mais par tous
les hommes de l'Europe qui apprécient déjà les bienfaits
de la liberté.

Quels souvenirs ostensibles nous restent pourtant de
cette assemblée de grands hommes, les fondateurs de
nos libertés, dont la plupart et les plus illustres furent
martyrs de leur dévouement à la patrie, à leur conviction et à la liberté? Quoi de plus grand dans l'homme
et de plus digne que l'abnégation de ses intérêts, de
soi-même et de sa vie, que de tels sacrifices à ses convictions et à la patrie! Dans l'antiquité la plus reculée,
des temples étaient élevés aux grands hommes qui y
étaient déifiés; la Religion a sanctifié ses martyrs. Dans
Westminster, dans Saint-Paul à Londres, les Anglais
glorifient les hommes qui ont rendu de grands services
à leur patrie! Paris, fier de ses monuments, possède le
Panthéon; sur le fronton de ce monument grandiose,
on lit en lettres dorées : AUX GRANDS HOMMES LA
PATRIE RECONNAISSANTE! on y voit la France due au
ciseau de David, distribuant des couronnes; mais en
pénétrant dans l'intérieur du temple, ne dirait-on
pas, en ne voyant ni statues, ni images quelconques,
que depuis cinquante ans la France n'a point produit
d'hommes illustrés à la fois par des services signalés et

par leur désintéressement, par l'abnégation d'eux-mêmes en faveur de la Patrie, comme s'il y avait au monde une nation, qui dans cet intervalle, ait fait autant et d'aussi grandes choses!

La nation française ne saurait être ingrate; les honneurs qui vont être rendus aux cendres de l'empereur Napoléon, de ce grand conquérant, le héros des temps modernes, attestent assez la gratitude de la France; mais il y aurait justice aussi et à la fois acte de bonne politique, à décerner les honneurs du Panthéon aux fondateurs de nos libertés, conquêtes impérissables et qui doivent profiter au monde entier.

Dans notre temps d'égoïsme, de dévouement à soi-même et aux siens, où l'on ne voit de bien que ce qui est lucratif, de préférable que ce qui procure des jouissances de vanité ou de l'argent, où les consciences sont au rabais, où les moyens de corruption, les fonds secrets......; après ces régimes divers qui, au milieu de tant de beaux dévouements, ont fait briller de grands talents obscurcis par trop d'apostasies; au milieu de tous ces hommes, tour-à-tour républicains exaltés, impérialistes, hommes de la Restauration, hommes de Juillet, et qui seraient les hommes de tous les régimes possibles, pourvu que leurs places, leurs honneurs leur fussent assurés, il importe que les caractères, que les convictions soient retrempés. L'être pensant qui est sans conviction aucune, qui n'a que l'instinct de ses intérêts auxquels il est toujours prêt à tout sacrifier, est un corps sans âme; aujourd'hui combien de corps sans âme!

Indépendamment de l'amour de la patrie et des sentiments généreux à réveiller, et de l'excitation aux choses grandes, utiles au pays, que la mesure que nous mentionnons et qu'il faudrait provoquer produirait en France, ce serait là encore une manière digne de répondre aux provocations de la quadruple alliance, blessée sans doute des justes honneurs rendus déjà aux citoyens qui ont succombé en juillet 1830, en défendant les lois. Les souverains absolus ne voyent-ils pas aussi dans leurs rêves le Génie de la liberté qui plane sur la Colonne de Juillet, prenant l'essor et se dirigeant vers leurs contrées pour y briser les chaînes de leurs sujets encore asservis ?

CONDITIONS AUXQUELLES LES FORTIFICATIONS DE PARIS DEVRAIENT SATISFAIRE.

La nécessité de fortifier Paris admise, et elle doit être admise, parce qu'il faut qu'*en aucun cas*, sous les points de vue militaire et politique, Paris ne puisse être occupé par l'ennemi ; d'abord, doit-on faire de Paris une position retranchée, *préparée pour y livrer bataille*, à l'aide soit d'un camp de Saint-Denis à Nogent, soit à l'aide de forts détachés qui exigeraient les uns et les autres le concours de l'armée ?

Dans les circonstances critiques où l'ennemi s'approcherait de la capitale pour s'en emparer, après des batailles perdues, le moment et le lieu seraient-ils bien choisis et le moral de nos troupes assez raffermi, celui des alliés assez peu exalté par le succès, pour songer de *prime abord* sous Paris à une bataille qui, toutefois, ne pourrait même être livrée qu'autant que l'ennemi le jugerait à propos ?

Nos armées, au lieu de se laisser refouler sur Paris pour le défendre, ne pourraient-elles pas être chargées d'une autre mission plus importante et plus décisive ?

Puisqu'il s'agit de fortifier Paris en disposant les retranchements de manière à réduire l'agresseur aux lenteurs d'un siége et à le faire morfondre devant les retranchements, qui, d'ailleurs, pourraient *tout aussi bien* être défendus par des recrues et par la garde nationale renforcée de 15 à 20,000 hommes détachés *alors* de l'armée pour les actions de vigueur, pourquoi s'exposer alors aux chances si hasardeuses d'une bataille que l'ennemi n'accepterait que lorsqu'il y verrait lui-même des chances de succès?.

Nos troupes réglées ne seraient-elles pas les plus fortes encore sur les derrières de l'ennemi si éloigné alors de ses bases d'opérations, dont les lignes seraient si étendues et dont la conservation lui serait pourtant si nécessaire sous les remparts de Paris pour compléter et entretenir ses approvisionnements.

Enfin, si nos corps d'armée avaient pour appuis quelques places ou camps solidement retranchés près de Paris, sur la Seine, la Marne et l'Oise : Montereau, Meaux et Creil ou Compiègne, etc., bien approvisionnés, quels avantages nos troupes de ligne n'auraient-elles pas alors pour manœuvrer, et arriver par des succès de détail à prendre en se réunissant, et après avoir reçu encore des renforts, une grande revanche même sous les murs de Paris, si toutefois les alliés, qu'on pourrait aussi y affamer, ne s'étaient hâtés d'en lever le siége et d'abandonner la plus grande partie de leur matériel ?

Ainsi, on pourrait obtenir de grands résultats, soit de tenir l'ennemi éloigné de la capitale ou de lui préparer des catastrophes s'il était assez téméraire pour venir en faire le siége.

Les retranchements autour de Paris terminés, il

faudrait qu'avec ses propres ressources, des recrues, la garde nationale et 20,000 hommes au plus de troupes de ligne, la capitale pût résister à l'ennemi.

Non, il ne faudrait pas alors que la garnison tentât rien sous les murs de Paris qui pût compromettre sa défense; les plus grands avantages qu'on pourrait s'en promettre ne sauraient même être décisifs, tandis que sur les derrières nos troupes auraient l'espoir fondé de plus grands succès. Ici, sous Paris, les conséquences seraient d'ailleurs trop graves; il ne faudrait, même en avant, des fortifications passagères que comme postes d'observation, parce que l'ennemi parvenant à s'en emparer, l'effet moral en serait doublement pernicieux, quelque insignifiants que fussent en eux-mêmes de tels succès.

Au lieu de camp retranché en avant ou de forts détachés, *il faudrait plutôt, si c'était possible, autour de la capitale, un mur de fer,* qui, ôtant toute inquiétude sur le sort de Paris à nos généraux d'armée, leur permît de disposer de leurs troupes de la manière la plus avantageuse et de manœuvrer avec plus d'aplomb et plus de chances de succès sur les flancs de l'ennemi, *à défaut de quoi* ce sont des retranchements solides avec escarpes et contrescarpes en maçonnerie, et liés les uns aux autres, qu'il importe de construire et *surtout* de disposer aussi convenablement que possible.

Mais pour que ces ouvrages soient convenablement disposés, bien des conditions sont à remplir; elles se rapportent les unes à Paris, considéré en lui-même, et d'autres à ses moyens de défense considérés par rapport à ceux du territoire.

Sans doute le but essentiel à atteindre dans tous les

cas est de parvenir par des moyens, par des ouvrages quelconques, mais *permanents*, à empêcher que l'ennemi victorieux arrivant sous Paris ne puisse s'en emparer.

La France est bien trop forte pour qu'elle eût à s'inquiéter de moyens nouveaux et de tant de précautions contre une puissance quelconque du premier ordre : c'est donc de grandes guerres, de guerres de *principes* et d'invasion qu'il doit s'agir ici ; c'est contre de grandes coalitions telles que celle qui nous menace, que la France doit se prémunir pour les rendre impuissantes, et rendre par conséquent à l'avenir la formation de ces coalitions plus difficile, et obtenir ainsi des garanties de paix toujours honorables et plus certaines.

Sous le point de vue de Paris, CONSIDÉRÉ EN LUI-MÊME :

1°. Les retranchements à faire autour de la capitale doivent être tels qu'avec ses propres ressources, la garde nationale et des recrues elle puisse résister à l'ennemi, sans avoir à craindre des surprises ou des attaques de vive force de sa part, qu'il soit obligé de faire brèche à des remparts, que la défense de ces remparts lui impose des travaux de cheminement et les lenteurs d'un siége en règle, que pour entreprendre ce siége l'ennemi soit par conséquent forcé de se pourvoir chez lui, et de traîner à sa suite sur ses lignes d'opération à travers une partie de la France un équipage de bouches à feu de gros calibre, des munitions à l'avenant et les nombreux attirails requis.

Néanmoins, la condition de faire des remparts de manière que l'ennemi soit obligé de les battre en brèche, doit surtout être relative aux points les plus menacés, car sur d'autres points des obstacles naturels peuvent se présenter et doivent être mis à profit; l'occupation de certaines localités pourrait être aussi assez difficile pour qu'il y eût certitude que l'ennemi n'attaquerait ces points qu'avec de grands désavantages dont il faudrait tenir compte.

En principe, il ne faudrait pas que, sur un aussi grand pourtour où le terrain et les approches doivent être si variés, on employât *partout les mêmes* et *d'aussi puissants* moyens de défense, parce que partout ils ne seraient pas aussi nécessaires.

2°. Eu égard à l'immense population de Paris et à son accroissement graduel qu'il faut aussi prévoir, eu égard aux besoins multipliés et aux exigences de cette population très-peu faite aux privations inévitables d'un siége, il faut que les fortifications s'étendent assez au loin pour que l'ennemi, eût-il sous les murs de Paris une armée très-nombreuse, ne puisse pas le bloquer assez étroitement pour intercepter toutes communications et avec l'intérieur et même avec nos corps d'armée.

Paris étant le siége du Gouvernement, il faut que celui-ci y reste pour rassurer la population, et l'ennemi arrivant sous les murs de la capitale, il faudrait que dans ces moments critiques le Gouvernement pût continuer à communiquer avec le pays non occupé. Sous ce rapport, il y a donc nécessité encore que Paris ne puisse être bloqué, et que pour cela son enceinte soit assez vaste; il faudrait même qu'elle le fût assez pour permettre d'établir à l'intérieur des camps divisionnaires *à portée des retranchements à défendre,* et qui groupassent les défenseurs en les éloignant de la population dans laquelle ils ne devraient pas être noyés.

Enfin, eu égard aux richesses, aux monuments et aux habitations entassées de la capitale, les retranchements doivent, par cette raison encore, être assez éloignés pour que la ville n'ait rien à craindre de batteries incendiaires, et que ses vastes faubourgs ne puissent même être occupés par l'ennemi.

En un mot, il faut à Paris la plus vaste enceinte de retranchements pour qu'il ne puisse être bloqué, que les vivres puissent y être toujours abondants, que le Gouvernement puisse continuer à y siéger, qu'il n'y ait pas la moindre crainte à avoir des batteries incendiaires, et que la garnison, dont il importe de soutenir le moral, puisse être répartie dans des camps *à portée* des ouvrages à défendre, afin qu'il y eût émulation et que les distances à parcourir fussent moins grandes.

3°. Les ouvrages nécessairement très-développés ne doivent exiger relativement que peu de monde et les troupes les moins exercées; il ne faut pas que l'armée soit absorbée par cette défense.

Les feux de mousqueterie étant impuissants par leurs effets comme par leur portée, quelque multipliés qu'ils puissent être, il faut en masse de l'artillerie avec ses obus, ses boulets et sa mitraille; mais il faut aussi que les fortifications soient appropriées au bon emploi de l'artillerie, et il serait même à désirer qu'elles se prêtassent mieux à tous les services que cette arme pourrait rendre. Ainsi on parviendrait à obtenir de bien plus grands effets avec beaucoup moins de défenseurs.

4°. Attendu la situation toute particulière de Paris comme capitale de la France et du monde civilisé, comme grand centre de mouvement et de tant d'affaires, rendez-vous des étrangers, siége du Gouvernement et du pouvoir législatif, les ouvrages à construire doivent apporter le moins possible d'entraves à la circulation. Il faudrait, de plus, qu'ils ne pussent en aucun cas être tournés contre la capitale; qu'en aucun temps elle ne pût être considérée par le Gouvernement comme embastillée; qu'enfin, si faire se pouvait (et cela est possible), *en temps de paix, qui est et doit être l'état normal de la société,* Paris pût être considéré comme ville ouverte [1].

5°. Il faudrait des têtes de pont sur la Seine et sur la Marne se liant au système de défense de Paris. Afin que l'ennemi ne pût s'en emparer de vive force, ces ouvrages seraient en fortification non passagère mais permanente, et serviraient aux communications *directes* de la capitale avec nos armées opérant sur les derrières de l'ennemi, pour pouvoir leur envoyer au besoin des secours sans qu'ils eussent à faire de grands détours ni des passages de rivière.

6°. Paris étant considéré comme *position centrale,* un vaste établissement militaire devrait aussi être con-

[1] Si Paris avait été fortifié au temps de Vauban avec les deux citadelles à cinq bastions chacune qu'il proposait d'ajouter à la deuxième enceinte pour contenir la population, pense-t-on que *Paris se fût jamais porté à rien qui pût blesser son devoir,* que la Bastille eût été rasée en 89, que le tiers-état eût pu se déclarer assemblée constituante et qu'aujourd'hui même nous eussions un gouvernement représentatif ?

Les citadelles ont fait leur temps : depuis l'illustre Vauban deux nouvelles puissances plus imposantes que des citadelles ont surgi : 1°. aux us et coutumes, au règne du bon plaisir ont succédé en France les lois discutées librement par les représentants de la nation et auxquelles tous les Français sans exception sont tenus de se conformer; 2°. puis l'admirable institution des gardes nationales chargées de veiller au maintien de ces lois et dont les drapeaux ont pour devise : *ordre public et liberté.*

struit dans une situation à part, non-seulement pour y réunir en temps de paix tout le matériel nécessaire à la défense de la capitale, et, en temps de guerre, les approvisionnements en subsistances pour les troupes, mais encore une grande quantité de matériel assorti, destiné aux besoins de nos armées sur la défensive et éloignées des forteresses frontières, où presque tout le matériel se trouve actuellement renfermé.

Il faudrait, de plus, que ce grand établissement fût dans une position telle, que l'ennemi ne pût diriger de prime abord ses tentatives sur ce point, et qu'il ne pût s'en emparer que par un second siége; qu'enfin, cette place concourût aussi à la défense de Paris.

7°. Tout en ne refusant rien à des moyens de défense efficaces, il faut encore que les dépenses à faire soient renfermées entre de justes limites, et que les grands sacrifices d'argent, de gêne et de servitudes soient justifiés au moins par les conditions auxquelles il faut satisfaire et qui doivent être remplies.

8°. Enfin, attendu les circonstances graves dans lesquelles nous nous trouvons, il y aurait importance que le tracé des ouvrages fût tel qu'ils se prêtassent au besoin à une résistance la plus prochaine, et que Paris pût ensuite à l'aise être mis en état complet de défense sans faux frais notables.

Sous le point de vue des moyens de défense de Paris,
CONSIDÉRÉS PAR RAPPORT A CEUX DU TERRITOIRE.

On doit admettre comme établi un système quelconque de places fortes pour la défense du territoire; mais suivant que ce système sera plus ou moins bien entendu, l'ennemi aurait plus ou moins d'obstacles à surmonter avant de se présenter avec *moins* ou *plus*

de forces et de moyens devant la capitale. La conséquence à en tirer, c'est qu'il doit y avoir un rapport
entre les moyens de défense du territoire et ceux dont
il faut entourer la capitale.

En effet, si l'on ne considérait, par exemple, que
nos places *sur les frontières*, d'une part, et que,
d'autre part, outre ces places, on admît *à l'intérieur,*
dans des positions reconnues convenables, d'autres
places fortes,

Dans le premier cas :

En admettant, comme nous devons le faire, dans le
pire état des choses, que nos forces disponibles fussent trop faibles pour prendre sur quelques points
l'offensive, opérer des diversions, quelque nombreuses
que soient nos places frontières, places *trop* nombreuses, l'ennemi, après avoir franchi les intervalles
qui séparent les forteresses, y laisserait au besoin des
corps d'observation *proportionnés* à l'IMPORTANCE des
forteresses voisines, pour faire respecter ses lignes
d'opération, corps d'ailleurs d'autant moins gênés et
pouvant être renforcés au besoin et approvisionnés,
que sur les frontières ils toucheraient à leurs bases
d'opérations, etc. Les intervalles des forteresses *sur les
frontières* franchis, puis l'ennemi ayant l'aisance des
coudes, et, comme on doit le supposer, étant supérieur
en nombre à nos armées qui lui seraient opposées, avec
cet avantage son intérêt le porterait à rechercher des
batailles que la prudence pourrait nous conseiller de re-
fuser d'abord; mais ce serait encore au détriment des
contrées qui, *ouvertes,* lui offriraient d'autant plus de
ressources qu'elles seraient plus riches, fertiles, per-
cées de routes, couvertes de villes, d'établissements
industriels, et qu'elles auraient à subvenir à toutes les

exigences impérieuses sinon d'un vainqueur au moins du maître du terrain.

Enfin, des batailles seraient livrées, et par nos fautes ou non nous les aurions perdues, car nous devons toujours prendre les choses au pis pour faire arriver l'ennemi sous les murs de la capitale, qui sera son point de mire. Nos armées, battues, ne pouvant plus arrêter l'ennemi, et n'ayant point à l'intérieur, sur les routes stratégiques qui conduisent à la capitale, de positions fortifiées, où, en se réfugiant, elles pourraient encore barrer le passage, quelques batailles perdues suffiraient donc pour que les coalisés arrivassent bientôt sous Paris sans plus d'obstacles, et en plus grandes masses, et même avec des moyens de siége [1].

[1] On pourrait objecter qu'il ne serait pas donné à l'ennemi de franchir si facilement les intervalles des places frontières, et citer à l'appui les siéges dans les guerres avant et aux premiers jours de la Révolution. Mais les usages comme les idées se modifient avec le temps et l'extension des moyens : combien les armées ne sont-elles pas devenues plus manœuvrières, leur matériel moins lourd, moins encombrant, l'artillerie plus mobile et les communications, qui dans ces temps, n'aboutissaient qu'aux places fortes, plus nombreuses et plus faciles? Alors l'usage était de faire des guerres de siége ; aujourd'hui on ne fait des siéges que lorsqu'ils sont absolument indispensables.

Quant à l'utilité des places frontières dans des guerres défensives, M. le général Rogniat voulant prouver que le système actuel de nos places appelle et favorise la défense de front plus que la défense de flanc, s'exprime ainsi : « La défense de flanc privée de l'appui et du refuge de camps retranchés deviendrait aventureuse et périlleuse ; l'armée défensive tournée elle-même et séparée de la capitale, *ne trouvant qu'un appui insuffisant sous le canon des places frontières, jouerait gros jeu.* Le défaut qu'on peut reprocher au système actuellement existant, c'est justement de ne point favoriser suffisamment les manœuvres de flanc ordinairement plus efficaces que les manœuvres de front.

« Celles-ci sont les plus naturelles, les plus faciles, les moins dangereuses ; mais elles ont l'inconvénient d'être moins décisives,

Dans le second cas :

Des places à l'intérieur n'empêcheraient pas encore les coalisés de pénétrer à travers les forteresses frontières, mais elles serviraient de points d'appui à nos armées dans leurs mouvements, elles protégeraient les contrées qui, plus haut, étaient ouvertes et à la merci de l'ennemi, les populations y trouveraient un refuge, des lieux sûrs pour abriter leurs richesses, leurs approvisionnements, et les soustraire à l'ennemi : gain double, parce que l'ennemi serait privé de ces approvisionnements, et parce qu'ils nous profiteraient. Puis, des batailles livrées et perdues, rien ne serait désespéré ; l'ennemi plus fort encore, parce qu'il serait victorieux, ne saurait cependant se flatter encore d'atteindre bientôt la capitale, car les places intérieures barreraient les passages principaux, recevraient les débris de nos armées, qui y trouveraient tout ce qu'il leur faudrait pour se reformer, au physique et au moral.

Les coalisés seraient donc forcés de faire halte, d'en venir à des siéges ou de prendre des détours, d'allonger leurs lignes d'opération, et, de plus, de laisser en observation des corps beaucoup plus nombreux.

Sous ces rapports, quels grands avantages des places intérieures n'offriraient-elles pas sur celles des frontières, à mesure qu'elles en seraient plus éloignées, puisqu'elles réagiraient avec plus d'efficacité sur les

et d'abandonner les provinces frontières à la discrétion du vainqueur. » *Réponse à l'auteur de l'ouvrage intitulé : du Projet de fortifier Paris*, pag. 10, 1840, chez Coréard jeune.

Au reste, avec les armées dont la France pourrait disposer et qui ne se laisseraient pas battre, parce qu'elles n'y ont pas été habituées, on serait en état de prendre l'offensive sur certains points et de faire des diversions ; alors les *grandes* places frontières auraient à jouer leur rôle, elles serviraient de bases d'opération ou de points d'appui à nos armées, etc.

lignes d'opération de l'ennemi, et que les corps obser-
vant ces places seraient plus en l'air, dans des positions bien plus critiques que sur les frontières?

Alors, serait-il si facile à l'ennemi de traîner à sa
suite des équipages de siége, tous les attirails, etc., et
pendant le siége de Paris, s'il était parvenu à l'entreprendre, lui serait-il facile de maintenir intactes ses
lignes d'opération? [1]

Enfin, malgré tous les obstacles, supposons l'ennemi
arrivé sous les murs de Paris : au lieu de dix-huit à
vingt forts détachés autour de la capitale, tels que ceux
proposés, dont l'action ne pourrait s'étendre autour
d'eux qu'à portée du canon, si trois forts étaient détachés à dix ou quinze lieues de Paris, dans des positions
convenables sur la Seine, la Marne et l'Oise, et que
ces forts, au lieu d'être d'un effet si circonscrit, fussent
transformés en places assez vastes, ou camps retranchés
solidement établis, pouvant contenir trente à quarante
mille hommes avec approvisionnements, être aisément défendus seulement avec quatre à cinq mille hommes, quelles ressources ces places n'offriraient-elles
pas à nos corps d'armée plus faibles, manœuvrant sur
les flancs de l'ennemi, qui alors, étreint, resserré entre
elles et la grande place de Paris, occuperait un terrain
dépourvu de vivres et de fourrages, rentrés dans l'intérieur et dans ces places, et y servant abondamment

---

[1] Il est difficile de se faire une juste idée de la quantité énorme
d'approvisionnements que le siége d'une place exige, et combien
les moyens de trasport nécessaires sont considérables : par bouche
à feu il faut compter au moins sur 3o à 55 voitures et 16o à 18o
chevaux, en sorte qu'il faudrait plus de 3,000 voitures et plus de
17,000 chevaux pour 100 bouches à feu.

Dans quels plus grands embarras l'ennemi ne se trouverait-il pas,
s'il était forcé de faire venir de loin ses vivres et ses fourrages?

aux approvisionnements de nos troupes et de nos garnisons! Alors, la famine pourrait être moins à craindre pour la capitale que pour les alliés massés sous ses remparts!

Enfin, ces vingt forts détachés distribués autour de Paris, qui ne dispenseraient pas d'une enceinte continue, terrassée, bastionnée, qui exigeraient pour la défense le concours de l'armée, et dont deux au plus seraient appelés à jouer un certain rôle, le matériel et les garnisons des autres étant paralysés, qu'on les suppose partout ailleurs sur les lignes d'opération de l'ennemi, mais plus vastes et au nombre de sept, par exemple, au lieu de vingt, et dans des positions avantageuses, non loin de Paris, on conçoit encore qu'ils pourraient concourir mieux à la défense de la capitale.

Mais à l'aide des trois places mentionnées seulement, pense-t-on que lors même que les coalisés seraient parvenus à amener sous Paris du gros canon, pourtant indispensable pour faire brèche, on leur laissât toutes leurs aises et le temps pour tracer d'une main bien sûre et terminer leurs cheminements, construire leurs batteries à ricochet, de plein fouet et de brèche, qu'enfin ils pussent indifféremment et aussi bien s'installer sur la rive gauche que sur la rive droite de la Seine? Peut-on même croire que s'attendant à trouver de la résistance et peu de subsistances sous les retranchements de Paris, à être menacés sur leurs flancs et sur leurs derrières par nos corps d'armée bien pourvus, les alliés s'exposassent à pénétrer dans cette souricière d'où il ne leur serait plus facile de sortir?

De ces rapprochements il résulte que dans les deux cas, les moyens de défense de Paris ne doivent pas être les mêmes, et qu'en ne tenant compte que de nos places frontières, il faut autour de Paris des moyens de résistance bien plus puissants, plus gênants en proportion, et exigeant beaucoup plus de dépenses que si des mesures étaient prises pour la défense du territoire à l'intérieur, sur les points où il est le plus menacé à l'est et au nord-est ;

Que dans ce dernier cas, nos armées trouvant des points d'appui et au besoin des refuges dans l'intérieur, ne pourraient être refoulées, que ce serait même un moyen, soit de forcer l'ennemi à faire des siéges avant d'atteindre la capitale, soit de pouvoir prendre l'offensive sur quelques points, de faire des diversions, parce qu'on aurait bien moins à craindre les progrès des alliés dans l'intérieur ;

Qu'enfin on parviendrait encore à un autre résultat très-important : de resserrer les champs de bataille et le théâtre de la guerre, de soustraire des provinces à l'envahissement, et de continuer à en tirer des ressources de tout genre, de ne plus en être à considérer la Loire comme une dernière barrière ;

Tandis qu'avec les seules places frontières, nos armées n'auraient de champs de manœuvres ou de bataille qu'autour de ces forteresses, leurs seuls points d'appui, ou ces places livrées à elles-mêmes, nos armées, après des défaites, n'auraient plus que l'alternative de se concentrer sous la capitale ou de se retirer derrière la Loire.

Est-ce à dire que pour obtenir d'aussi grands résultats pour la défense du territoire et pour l'allégement des moyens de résistance autour de Paris, et que pour rendre ces moyens bien moins onéreux pour ses habitants, il y eût à fortifier toutes les villes jusqu'aux frontières du nord-est et de l'est ?

1°. Troyes sur la Seine et Châlons sur la Marne, grandes places, boulevards intérieurs se liant avec Soissons sur l'Aisne, place déjà existante, mais à agrandir encore s'il le faut, pour en faire aussi une position formidable ;

2°. Quelques *doubles têtes de pont permanentes* sur la Seine, l'Aube, la Marne et l'Aisne ;

3°. Un ou deux postes retranchés au midi, dans les Vosges ;

4°. Enfin les fortifications d'un grand nombre de petites places existantes à démolir sur les frontières ;

Tels seraient en grand les travaux *essentiels* à exécuter, principalement pour la défense du territoire, et subsidiairement pour celle de Paris. Deux cent millions à affecter à ces travaux *y compris ceux de Paris* et de ses trois forts détachés au loin, seraient bien autrement profitables que cette *même* somme employée à vouloir, dans l'état actuel de nos places, rendre imprenable Paris seul, qui, eu égard à son immense population présente et à venir, à ses exigences, à ses besoins de tous les jours, ne saurait également être rendu imprenable dans toutes les suppositions admissibles.

Enfin, à ne considérer que Paris, au lieu de dix-huit à vingt forts détachés, trois places à proximité sur la Seine, la Marne et l'Oise, comme nous avons dit, seraient encore à préférer, et les 100 millions déjà disponibles pourraient suffire et aux travaux d'enceinte de Paris, et à ceux de ces trois grands forts détachés. Alors, notre armée, forte de ces trois points d'appui, ne serait plus obligée, même dans l'état actuel de nos places, de se retirer sur Paris. La plus grande quantité de subsistances, vivres et fourrages, entre ces camps et la capitale, étant même rentrée dans ces trois places, dans Paris et dans l'intérieur, les alliés arrivés sous ses remparts, trop étendus pour être bloqués, ne pouvant passer sur la rive gauche de la Seine, en force, sans compromettre leurs lignes d'opérations, ne courraient-ils pas eux-mêmes risque d'être assiégés bientôt par la disette avant d'avoir fait de grandes tentatives pour s'emparer de la capitale, harcelés qu'ils seraient par nos troupes, manœuvrant sur leurs flancs et sur leurs derrières?

Ainsi, on parviendrait plus simplement, plus sûrement et avec moins de dépenses et de charges pour la capitale, à la rendre imprenable, puisque l'ennemi ne pourrait se présenter sous ses remparts, sans courir risque d'être détruit.

Pénétré de toute l'importance de ces hautes questions qui touchent à de si grands intérêts, à la défense du territoire et à la puissance nationale; dans la conviction que la proposition des moyens que nous n'avons pu encore qu'effleurer, pourrait conduire par la discussion à une solution satisfaisante de ce grand problème déjà si souvent agité et soumis à des commissions d'hommes compétents, nous croyons devoir entrer dans de plus longs développements pour mieux exposer et notre opinion sur les travaux que le Gouvernement se propose de faire exécuter, et nos idées sur ceux qu'il y aurait à faire. C'est un tribut que tout citoyen qui s'est occupé de ces questions doit à la Patrie, et que pour notre part nous lui offrons.

DES DEUX ANCIENS PROJETS (ENCEINTE CONTINUE, FORTS DÉTACHÉS).

Les invasions de 1814 et de 1815 avaient fait songer de nouveau à des moyens de résistance plus efficaces; on s'en occupa même sous la Restauration, et depuis 1830 on s'en est occupé avec plus d'ardeur, on en a parlé beaucoup, on a beaucoup écrit. Il s'agissait d'enceindre Paris de fortifications; mais cette grave question resta encore assoupie entre l'enceinte continue et les forts détachés [1].

Tel est le sort des questions d'un intérêt public non immédiat, qu'elles n'ont qu'un temps pour être discutées, résolues ou oubliées jusqu'à ce que de nouvelles circonstances plus pressantes viennent leur rendre toute leur importance et provoquer enfin une solution définitive.

Les forts détachés et l'enceinte continue étaient soutenus également par les sommités de l'arme du génie; les forts détachés, par le comité des fortifications, par M. le général Rogniat en particulier, et par le Gouvernement; l'enceinte continue, par MM. les généraux Haxo et Valazé. Chacun des deux systèmes était entaché de défauts que lui reprochaient les partisans de l'autre système, et la polémique animée, les vives discussions qui eurent lieu n'aboutirent qu'à les faire rejeter l'un et l'autre ou au moins à les délaisser.

Maintenant, le Gouvernement se propose d'employer

[1] Voir l'historique de cette haute question dans l'ouvrage : *Fortifications de Paris, Considérations sur la défense nationale*, livre remarquable et par l'importance des sujets et par l'indépendance, la sagacité et le patriotisme avec lesquels ils sont traités. — Chez Paulin, libraire.

à la fois les deux modes de fortification ; mais en mettant ainsi à profit quelques avantages des deux systèmes, on peut dire qu'il cumulerait aussi outre mesure de grands inconvénients et de très-grandes dépenses.

Pour justifier cette assertion et apprécier le nouveau projet, autant que le permettent cependant les données en trop petit nombre que l'on en a, et que le pouvoir a bien voulu laisser transpirer dans le public par ses journaux, il convient de dire d'abord un mot des premiers projets, afin de faire voir en quoi celui qui a été adopté en diffère, quels avantages, quels inconvénients il renferme, et comment il pourrait être modifié.

Ne pas fortifier Paris, serait un tort grave ; mais le fortifier outre mesure, serait un grand mal. Combien l'esprit humain est disposé à passer d'un extrême à l'autre ! Ce n'est que par des oscillations qu'il arrive à reconnaître la juste valeur des choses [1].

En fait de fortifications, les grandes masses inertes de terre et de maçonnerie, de quelque manière quelles aient été conçues, une fois établies, cimentées, les ouvrages restent; alors il n'y a plus à discuter, car il faudrait les démolir pour les remanier. Sans discussion,

---

[1] Sans entrer ici dans le domaine de la politique, nous pourrions en citer un exemple pris dans l'artillerie : avant Gribauval, grand général d'artillerie, qui vers 1765 introduisit tant d'améliorations dans cette arme, on traînait sur les champs de bataille de lourds canons et même des pièces de 16 ; la pesanteur de cette artillerie reconnue, on l'allégea, mais on passa à l'autre extrême en adoptant pour les troupes légères un canon du calibre de 1, qui, à la vérité, ne fut pas longtemps en usage. Mais si ce calibre était évidemment trop faible, celui de 8, qui est le plus petit aujourd'hui, qui ainsi que ses caissons exige des attelages de six chevaux, n'est-il pas trop fort pour les troupes légères destinées à jouer un grand rôle dans les guerres défensives ? Question importante sur laquelle nous aurons occasion de revenir ailleurs.

les premiers forts détachés, auxquels le Gouvernement a renoncé, auraient pourtant été construits sans grand profit pour la défense et au grand détriment de la capitale !

La discussion en pareille matière, surtout lorsqu'il s'agit de transformer la capitale de la France en place de guerre, n'est donc pas seulement utile, mais indispensable.

ENCEINTE CONTINUE DE MM. LES GÉNÉRAUX HAXO ET VALAZÉ.

Elle devait envelopper Paris et ses faubourgs, passer en tête de Bercy, du Petit-Charonne, de Belleville, de la Villette, la Chapelle, Clignancourt, les Batignoles et Passy sur la rive droite de la Seine; et en avant de Vaugirard, du Petit-Montrouge, du Petit-Gentilly et d'Austerlitz sur la rive gauche; elle devait avoir quatre-vingts fronts environ présentant des côtés extérieurs de 370 mètres (terme moyen), et sans aucun ouvrage extérieur, avec escarpes de 10 mètres de hauteur, re-vêtues, et *assez bien couvertes,* disait-on, pour qu'on ne pût pas y faire brèche de la campagne; les contres-carpes en terre devaient être taillées en banquettes et faire office de corridors pour faciliter la surveillance au dehors et les mouvements des sorties.

Paris, disait-on encore, renfermant en bâtiments militaires et en ressources de tout genre de quoi satis-faire à tous les besoins de la garnison la plus nom-breuse, l'établissement d'une enceinte ne devait exiger d'autres constructions que celles de quarante portes et d'autant de corps-de-garde attenants, et de quatorze magasins à poudre.

Les servitudes ne devaient s'étendre qu'à 250 mètres

de la crête des glacis en avant de l'enceinte; enfin la dépense totale était évaluée à 46 millions.

Ainsi l'enceinte devait être composée de fronts partout les mêmes, de même force, sans égard aux avantages ou à la faiblesse des positions, sur les points les plus menacés comme sur ceux qui le seraient moins, sur la rive droite comme sur la rive gauche, à la Villette, à Belleville comme sur les bords de la Seine, en face des habitations comme en pleine rase; les inondations de Saint-Denis, le Canal, la Seine, la Marne, les hauteurs de Romainville et autres ne devaient être utilisés qu'accidentellement ou abandonnés.

Ainsi, d'une part, le grand front de Saint-Denis jusqu'en avant de Pantin ayant pour vaste courtine le canal de Saint-Denis avec les ouvrages de campagne qui y ont été construits; d'autre part, les hauteurs de Romainville jusqu'au bois de Vincennes, positions qui offrent des obstacles, de même que la Marne depuis Saint-Maur jusqu'à son confluent, les hauteurs escarpées de la rive droite de cette rivière, de même que la Seine, rive droite, en amont depuis Charenton jusqu'à Bercy, en aval depuis Surêne jusqu'à Saint-Denis, étaient en dehors des moyens de défense.

Pourtant, indépendamment des avantages inhérents aux obstacles, tels que rivières, canaux, inondations, pour accroître la résistance, ces obstacles ont encore l'avantage précieux de mettre à l'abri des surprises et des attaques de vive force, avantage qu'il faut surtout rechercher lorsque les enceintes à défendre sont et doivent être très-étendues. Nous verrons plus loin le parti qu'il y aurait à tirer sous divers rapports de la Seine, avec ses circuits, de la Marne, du canal Saint-Denis, etc.

Chose, ce nous semble, assez remarquable : Paris, que la Seine traverse, malgré les quarante portes de l'enceinte et ses poternes, n'aurait pas eu la moindre communication ni avec la rive droite de la Seine en amont, ni avec la rive gauche de la Marne, les deux ponts de Charenton et celui de Saint-Maur étant de beaucoup en dehors de l'enceinte et occupés par conséquent par l'ennemi, ni avec la rive droite de la Seine *en aval* au delà de Saint-Denis, en sorte que l'ennemi, étant maître du terrain depuis Saint-Denis jusqu'à Charenton, toute communication *directe* avec nos corps d'armée opérant sur les derrières de l'ennemi aurait été coupée.

L'ennemi, maître des principaux passages de rivière sous les murs de Paris, il lui aurait été plus facile de bloquer la capitale.

Avec cette enceinte Paris n'aurait pu être non plus soustrait aux effets désastreux d'un bombardement, ni même de batteries incendiaires d'obusiers *de campagne* et de fusées.

Le Gouvernement ne pouvant plus siéger dans la capitale, dès l'approche de l'ennemi avant l'établissement du blocus, quelle influence funeste n'aurait pas eu cette retraite précipitée, et sur la garnison et principalement sur la population agitée et travaillée par les mécontents!

Dans cette enceinte rétrécie, la garnison, que vu l'espèce de troupes on portait à 60,000 hommes, aurait été pêle-mêle avec la population, n'ayant d'autres ressources que celles que pourraient contenir les établissements actuellement existants.

Enfin, dans cette enceinte, qui aurait présenté tous les inconvénients d'une place de guerre *en tout temps,* qui, à peine pourvue d'établissements *militaires*, même pour sa propre défense, puisqu'on ne devait y construire que quatorze magasins à poudre, dangereux pour la cité, comment Paris eût-il pu subvenir aux besoins des armées, remplacer une partie de leur matériel, surtout dans l'état actuel des choses, où le matériel se trouve presque entièrement renfermé *dans des places frontières.*

Abstraction faite des surprises et des attaques de vive force, auxquelles se serait prêtée une simple enceinte avec contrescarpes en terre taillées même en banquettes, sans chemins couverts et avec quarante portes entièrement découvertes, sans demi-lunes en avant, n'aurait-il donc pas été à craindre que, dans certains cas, avec de simples moyens de campagne, par un simple blocus de quelques jours, appuyé de quelques batteries incendiaires, l'ennemi ne parvînt à faire rendre la place? Mais, éloignant ces suppositions, admettons que l'ennemi, pourvu de matériel de siége, se fût décidé à entreprendre celui de Paris, on appréciera la résistance qui aurait pu lui être opposée en considérant le tracé et en examinant le profil d'un des quatre-vingts fronts.

L'enceinte devait être partout simple, sans demi-lunes, ni même tenaille sur les courtines. Pour favoriser les feux de flanc, les fossés devaient s'élargir à partir du saillant des bastions, en sorte qu'en face du milieu des courtines, les crêtes des contrescarpes en terre auraient été à 55 ou 60 mètres de distance des courtines, la largeur des fossés au fond étant aux saillants de 30 mètres. Les fossés ne devaient avoir que 4 mètres de profondeur, le glacis relevé *à la crête* de 3 mètres, en tout 7 mètres; d'autre part, l'escarpe *en maçonnerie* supportant les terres en talus, devait avoir 10 mètres de hauteur; elle devait donc être de 3 mètres plus haute que la crête du glacis [1].

D'après cet exposé, à raison de la largeur des fossés et du talus en terre de la contrescarpe, il est permis de croire qu'à des distances de 500 mètres environ, avec du canon de 24, déjà il y aurait eu moyen de battre en brèche même les faces des bastions, et à coup plus sûr les courtines nues sans tenaille : les Anglais en Espagne ont ainsi fait et ont ouvert en assez peu de temps des brèches larges, praticables, à Ciudad-Rodrigo, à Badajoz et à Saint-Sébastien, à des distances de 5 à 600 mètres; sans doute les escarpes étaient vues aussi en grande partie. En 1824, des épreuves faites en Angleterre ont d'ailleurs démontré que des murs solides à la Carnot, *derrière* des épaulements, pouvaient être rasés. Ici les escarpes auraient été de 3 mètres plus élevées que la crête en terre des glacis distante de 55 à 60 mètres des escarpes vers le milieu des courtines [2].

Dans ce cas, il n'y aurait donc pas eu à faire beaucoup de cheminements, ni de grands remuements de terre; enfin, les travaux de siége auraient pu être d'au-

---

[1] Voir dans *le Spectateur militaire*, mars 1833, le Mémoire de M. le général Valazé, avec dessin, profil, etc.

[2] A en juger d'après les fronts bastionnés qui en 1831 avaient été construits en fortification passagère au nord de Paris, le fond des fossés en face des courtines aurait peut-être été exhaussé avec talus des quatre côtés. Mais à raison des grands talus à conserver pour défendre le pied des escarpes des flancs, cet exhaussement n'aurait pu guère être de plus de 4 mètres et n'aurait pas empêché les brèches de devenir praticables. Les boulets ennemis, en labourant ces terres, en les abaissant, les aurait rejetées au pied des brèches dont les éboulements auraient été encore maintenus par les talus vers la courtine.

tant plus abrégés, que les brèches faites, la descente du fossé se serait trouvée favorisée par les *talus de la* contrescarpe, taillés même en banquettes, en sorte que sans couronnement du glacis, l'ennemi, par des attaques de vive force, aurait pu s'emparer des brèches, qu'il eût été d'autant plus difficile de défendre, que les batteries ennemies auraient pu continuer à tirer jusqu'au moment des attaques, et qu'il n'y aurait pas eu, qu'il ne pouvait y avoir de retranchement intérieur, puisque, comme nous avons dit, les brèches auraient été *de loin* encore plus praticables aux courtines.

Sans doute, à raison du développement des fortifications dans un polygone de quatre-vingts côtés, les ricochets auraient été peu efficaces et les fronts collatéraux auraient eu une action assez puissante sur le front d'attaque, et contre les batteries de l'ennemi, mais sur un terrain aussi accidenté que celui de la Villette à Charonne, par exemple, au milieu de tant de murs et d'habitations, *les servitudes ne devant s'étendre qu'à 250 mètres,* sur certains points l'action de quelques faces de bastions sans. dehors, sans aucun ouvrage avancé, aurait été bien faible, sinon paralysée, et il est permis de croire que Paris avec l'enceinte continue, fortifié ainsi à grands frais et avec de très-grandes gênes pour les habitants, n'aurait tenu guère plus de huit à dix jours contre des moyens de siége.

En résumé, avec l'enceinte continue, telle qu'elle avait été proposée par MM. les généraux Haxo et Valazé, Paris pour ainsi dire cloîtré et pour longtemps, en paix comme en guerre, aurait pu être bloqué, incendié, et contre des moyens de siége n'aurait pu tenir guère plus de huit à dix jours, à moins de se défendre en arrière des brèches, de faire des barricades, etc.

PREMIER PROJET MINISTÉRIEL. — FORTS DÉTACHÉS
PROPOSÉS PAR LE COMITÉ DES FORTIFICATIONS.

Ce projet consistait :

1°. En un camp retranché entre Nogent et Saint-Denis.

Quelques ouvrages de fortification passagère avaient déjà été construits en 1831 à Saint-Denis et sur la ligne du canal, sur les hauteurs de Romainville jusqu'à Nogent.

2°. En dix-sept forts de forme pentagonale, dont quatorze à fronts bastionnés. Les uns et les autres, vu leur isolement et leur petitesse, devaient avoir non-seulement des escarpes, mais encore des contrescarpes revêtues, des chemins couverts, et plusieurs d'entre eux des dehors.

Ces ouvrages enveloppant Paris à une demi-lieue du mur d'octroi, et étant distants les uns des autres aussi d'une demi-lieue à peu près, devaient contenir dans leur intérieur tous les établissements nécessaires à une défense isolée : casemates pour loger les troupes et pour mettre l'artillerie à couvert, magasins à poudre, magasins de vivres, etc.

3°. Enfin, le système de défense devait être complété par le mur d'octroi, porté sur tout son pourtour à la hauteur de six mètres, garni de deux rangs de créneaux et flanqué par des tours ou bastions pouvant contenir ensemble trois cent vingt-cinq bouches à feu.

Considérons d'abord la valeur du camp retranché et ses exigences : Depuis Romainville jusqu'à Nogent, quelques ouvrages en terre isolés seuls le protégeaient; le pont de Saint-Maur, la Marne au-dessous, et la Seine

entre Paris et Saint-Denis n'étant pas défendus, lais-
saient le camp à découvert sur ses flancs. Il aurait fallu,
à la vérité, que l'ennemi exécutât le passage de ces rivières, qu'il eût pour cela un équipage de ponts, et sur
la droite, les hauteurs, le bois et le fort de Vincennes
étaient encore des obstacles. Mais le camp de Nogent
à Saint-Denis étant ouvert sur une grande partie de son
front, et peu assuré sur ses flancs, pour sa défense il
aurait fallu des troupes aguerries, il aurait fallu que
l'armée se repliât sur Paris pour sa défense. Autrement,
la capitale n'ayant qu'une petite partie de ces troupes,
la garde nationale et des recrues, on eût été forcé par
prudence d'abandonner à l'ennemi ces ouvrages avancés, ces fortes positions; et puis, que l'on envisage l'influence funeste que leur abandon, leur occupation par
l'ennemi auraient exercé sur le moral de la garnison,
effet bien plus funeste encore si l'ennemi l'en avait dé-
logé par force.

Les forts détachés en arrière du camp étant trop
rapprochés de la ville, l'ennemi, qu'on doit supposer
nombreux pour s'emparer de Paris, maître des rivières,
malgré le fort de Charenton, aurait pu encore bloquer
la capitale et sans dégarnir le camp retranché de Romainville, il aurait fallu faire *face de tous côtés*, et se
porter au besoin dans les intervalles ouverts des forts
de la rive gauche, raison de plus qui aurait exigé les
secours de l'armée, en sorte que d'après ce projet il aurait fallu que l'armée se repliât sur Paris pour sa défense [1].

[1] « On peut apprécier combien l'obligation de couvrir constamment un point important ouvert aux agressions subites, impose
de gêne et nuit aux mouvements militaires. Dans une pareille situation, *l'armée défensive est en quelque sorte paralysée*, retenue

Paris, *avec ses propres ressources,* n'aurait donc pas pu occuper le camp retranché; mais la garde nationale et des recrues auraient-elles été assez aguerries pour tenir dans les forts détachés, isolés, livrés à eux-mêmes, sans appui réciproque et sans communication avec l'intérieur?

malgré elle par ce centre d'attraction, elle ne pourrait profiter des chances favorables qui se présenteraient d'attaquer et de se porter en avant, et au moindre échec elle serait forcément attirée en arrière vers le point qu'il lui serait ordonné de couvrir ; elle opérerait ainsi la plus funeste des retraites, celle qui s'exécute sur la ligne d'opérations que l'ennemi s'est promis de suivre. *Si, au contraire, l'armée est dispensée de l'obligation de couvrir constamment Paris,* libre de ses mouvements, elle pourra, à l'aide d'habiles manœuvres, essayer de prendre l'ennemi en défaut, *occuper sous lui des* PLACES ou des obstacles naturels, *des positions de flanc* qui forceraient l'armée envahissante à la suivre jusque sur le champ de bataille qu'elle se serait choisi et préparé d'avance. Mais cette liberté d'action, cette indépendance, l'armée défensive ne peut les obtenir qu'*autant que Paris aura été mis en état de résister pendant quelque temps avec* SES PROPRES RESSOURCES, c'est-à-dire lorsqu'il sera fortifié. » Rapport de M. le colonel Lamy à la Chambre des Députés, 1833.

Ainsi la nécessité que Paris puisse résister avec ses propres ressources était avouée et même démontrée par l'un des plus grands partisans des forts détachés, rapporteur de la commission, etc.

Sous un autre point de vue, le territoire, depuis les places frontières jusqu'à Paris, étant presque ouvert, sans moyens de défense, où nos armées trouveraient-elles présentement des places sur la Seine, sur la Marne, etc., qui pussent leur servir de points d'appui?

Autre part, *Spectateur militaire,* mars, 1833. M. le général Valazé démontre, contre le système des forts détachés, la nécessité où se trouverait alors l'armée de se concentrer sous Paris ; il ajoute : « Nos armées auraient été réduites de beaucoup par les difficultés de la retraite et *par la nécessité de compléter les garnisons de soixante places qui se trouveraient découvertes toutes à la fois;* enfin nos armées n'auraient que peu de renforts à espérer, puisque, dans leur retraite, *elles auraient abandonné à l'ennemi* vingt de nos plus beaux départements renfermant 9 millions d'âmes, et qu'il faudrait toujours garder les autres frontières du Royaume. »

Mais en comptant, terme moyen, sur 4,000 hommes par places grandes et petites, les soixante places découvertes toutes à la fois.

Dans ces forts, au nombre de dix-sept, qui auraient absorbé une grande quantité de matériel, et exigé chacun mille hommes de garnison, de tels moyens, hommes et choses, n'auraient-ils pas été paralysés en très-grande partie, et bien plus que dans des retranchements continus qui permettraient de transporter d'un point à un autre, et de concentrer suivant les besoins les moyens de défense?

Nous avons déjà dit que ces forts n'auraient guère plus empêché le blocus de Paris que l'enceinte continue que nous avons déjà examinée. L'ennemi, maître du terrain et des rivières sous Paris, toute communication *directe* avec nos corps d'armée sur les derrières de l'ennemi aurait donc été aussi coupée [1].

Les forts étant distants les uns des autres de plus de 2,000 mètres, et dans des terrains accidentés, sans avoir tiré un grand parti des obstacles que pouvait pré-

absorberaient donc *seules* 240,000 hommes dispersés, et dans ces pays occupés par l'ennemi, il faudrait bien que des troupes aguerries composassent *au moins* la moitié de ces garnisons!

D'après ces rapprochements, si pour la défense du territoire on manque de positions fortifiées, n'a-t-on pas beaucoup trop de places sur les frontières?

[1] On proposait d'établir, au moment du besoin, des têtes de pont en fortification passagère à Saint-Maur et à Charenton; mais à Charenton, le fort devant être placé sur la hauteur au coin du bois, *derrière* les maisons qui sont sur la pente, aurait-il été bien difficile à l'ennemi de mettre, à l'aide d'obus, le feu à ces maisons et de masquer ainsi au fort, par la fumée, des attaques de vive force contre la tête de pont sur la Marne, et puis de prendre à dos la tête de pont sur la Seine?

La fortification passagère semblerait d'autant plus chanceuse sous les murs de Paris, qu'il y aurait plus à craindre la double influence morale des moindres succès de l'ennemi.

Il semble qu'une tête de pont *permanente* et assez vaste sur la Marne à Charenton et s'étendant au delà d'Alfort, aurait pu remplacer le fort proposé avec d'autant plus d'avantages qu'elle aurait senter la Seine, la Marne, etc., comment empêcher que l'ennemi ne franchît les intervalles par de fausses attaques sur certains points et en dirigeant ses principaux efforts sur d'autres, à moins de supposer ces intervalles barrés par des ouvrages de campagne formant enceinte, et défendus par des troupes exercées?

Il est bien remarquable que les forts, au lieu de protéger les faubourgs, auraient le plus contribué, par leurs propres feux, à en hâter la destruction sur les points attaqués. Les forts, comprenant *entre eux* une partie de ces faubourgs, la Villette, Belleville, etc., comment sur ces points les plus menacés songer même à une défense, à moins de raser ou écraser ces faubourgs, leurs rues pouvant servir de caponnières aux agresseurs pour arriver jusqu'aux murs de l'octroi dominés, et dont ils auraient pu s'emparer.

Au reste, les auteurs et partisans du projet admettaient bien que les intervalles pourraient être franchis, ou que les forts eux-mêmes n'auraient pas résisté longtemps à des moyens de siége, puisque pour arrêter l'ennemi ils comptaient sur le mur d'enceinte intérieure, qui, pourtant, aurait été trop faible pour résister, même contre les effets de l'artillerie de campagne.

Enfin, il n'était fait mention des ressources en matériel que pour les forts; mais pour le camp retranché, pour l'enceinte intérieure qui seule devait être armée de plus de trois cents bouches à feu, et pour les besoins

maintenu l'ennemi plus éloigné, qu'elle aurait protégé beaucoup mieux le village et que sur la gauche elle aurait pu fournir des feux rasants et à revers sur la Marne en amont pour en interdire le passage, comme sur la droite elle aurait flanqué la tête de pont sur la Seine et croisé ses feux, avec cet ouvrage, sur la plaine d'Ivry. Mais il aurait fallu encore que la tête du pont eût été rattachée à une enceinte.

de l'armée, des dispositions avaient-elles été prévues et se trouvaient-elles renfermées dans ce projet?

Nous n'avons pas abordé encore l'objection qui a dû principalement influer sur le rejet de ce système de fortifications : le commandement que ces forts auraient exercé sur la ville de Paris, leur proximité qui aurait pu en faire autant de citadelles menaçantes pour les habitants, *en temps de guerre,* parce que ces forts, petits et isolés, qui en eux-mêmes n'auraient été capables que d'une faible résistance, tombés entre les mains de l'ennemi, lui auraient fourni cependant de puissants moyens d'occupation, l'auraient rendu bien plus exigeant; *en temps de paix,* parce qu'à une époque quelconque, ils auraient pu servir d'instrument au pouvoir contre la population : si Charles X avait eu de telles citadelles, les ordonnances de juillet auraient eu leur cours, et la révolution de juillet serait restée dans le néant.

Sans doute, ni les auteurs, ni les partisans de ce projet ne pouvaient avoir de pareilles vues; mais on pourrait encore en être à se demander à quoi aurait pu servir, par exemple, le fort de la butte Chaumont, si ce n'est à écraser Belleville, la Villette et le faubourg Saint-Martin.

En résumé, le système des forts détachés était inférieur même à celui de l'enceinte continue, parce qu'à l'aide de celle-ci la capitale, *livrée à ses propres ressources,* aurait pu résister pendant plus ou moins de temps, ce qui n'aurait pu avoir lieu avec les forts détachés. Le premier système devait être et a été rejeté, non-seulement parce qu'il était insuffisant, mais encore parce qu'outre les servitudes considérables qu'il aurait imposées, et la ruine des faubourgs en temps de guerre, à une époque quelconque et dans des circonstances données, ces forts auraient pu devenir des citadelles menaçantes pour la capitale.

Sans doute beaucoup de choses manquaient à l'enceinte continue : le blocus, les effets désastreux des batteries incendiaires à craindre, les communications avec l'armée coupées, des fronts bastionnés uniformes sans égard aux positions, aux obstacles naturels dont il serait important de tirer parti, des contrescarpes en terre taillées en banquettes, point de dehors, les courtines à découvert, des ressources insuffisantes pour Paris assiégé et aucunes ressources préparées pour nos corps d'armée en campagne, la garnison pêle-mêle avec la population, enfin Paris cloîtré en temps de paix comme en temps de guerre, tels étaient les principaux défauts qu'on pouvait reprocher à ce système ; et l'autre système qui avait aussi la plupart de ces défauts, aurait de plus exigé la coopération de l'armée pour la défense de Paris.

En définitive, s'il est à regretter que Paris n'ait pas encore été fortifié, il n'y a pas grand mal, et c'est peut-être un bien que les forts et cette enceinte aient été abandonnés.

Maintenant le système nouveau adopté par le Gouvernement est-il bien préférable à ceux que nous venons d'examiner ?

Dans l'intérêt général de la capitale et de nos armées belligérantes, et pour obtenir les plus grands résultats en temps de guerre, ne conviendrait-il pas d'apporter des modifications à ce nouveau projet si fort agrandi par l'immensité et des travaux et des dépenses à faire et des servitudes à imposer ?

C'est ce que nous allons tâcher de voir.

PROJET ACTUEL DU MINISTÈRE.

De grands débats eurent lieu en 1833; puis les forts détachés et l'enceinte continue furent délaissés, et la question des fortifications de Paris resta assoupie jusqu'en 1836; alors une commission fut nommée par le Gouvernement pour faire un travail général sur la défense du royaume. Tout ce qu'on sait de ce travail terminé seulement en mai 1840, c'est que pour la défense de Paris la commission formula son opinion de la manière suivante :

1°. « Qu'il soit élevé une muraille d'enceinte flanquée, surmontée d'un chemin de ronde crénelé, enveloppant les plus grandes masses d'habitations des faubourgs extérieurs de Paris, avec fossés là où cette disposition sera nécessaire; que le tracé de cette muraille embrasse les hauteurs qui dominent la ville, en suivant les directions les plus favorables à la défense, eu égard à la configuration du terrain; qu'elle soit assez haute pour être à l'abri de l'escalade et *assez épaisse* pour ne pouvoir être ouverte qu'avec des batteries de siége; qu'il soit établi sur les parties de cette enceinte où le besoin s'en fera sentir, des bastions susceptibles d'être armés d'artillerie pour la flanquer, couvrir de leurs feux ses approches, et éclairer autant que possible la gorge des ouvrages extérieurs qui forment la première ligne de défense.

2°. « Qu'il soit construit *en avant* et autour de cette enceinte, notamment à la rive droite de la Seine, sur tous les points les plus favorables à la défense, des ouvrages en état de soutenir un siége et fermés à la gorge. Leur objet sera d'éloigner les batteries incendiaires de l'ennemi, de protéger les diverses positions que pourraient occuper les forces défensives que les circonstances auraient amenées sous Paris, et de renfermer une grande partie du matériel de la défense. »

Ainsi, la commission admettait deux lignes de défense :

1°. Une enceinte plus forte que le mur d'octroi, assez haute pour être à l'abri de l'escalade et assez épaisse pour ne pouvoir être ouverte qu'avec des batteries de siége, et même sur quelques points des bastions pour le flanquer et couvrir de leurs feux ses approches ;

2°. En avant et autour de l'enceinte, des ouvrages fermés à la gorge et en état de soutenir un siége ; en un mot des forts détachés destinés à protéger les positions que pourraient occuper les forces défensives amenées par les circonstances sous les murs de Paris.

A l'enceinte ci-dessus le Gouvernement en a substitué une autre bastionnée partout, terrassée avec escarpe revêtue, et de 10 mètres de hauteur, contrescarpe en terre et semblable probablement en tout à celle de MM. les généraux Haxo et Valazé, mais plus étendue, devant embrasser les faubourgs extérieurs, et avoir, dit-on, un développement de onze lieues : sur la rive droite, partant du parc de Bercy qu'elle partage en deux, elle doit aboutir en avant de la Villette, et de là suivre à peu près la ligne des anciens forts jusqu'à Auteuil, etc.

Les forts détachés qui formeront la première ligne de défense seront casematés, fermés à la gorge, etc., comme ceux de 1833, mais plus éloignés de Paris.

On se propose de fortifier Saint-Denis *de manière à en faire une place d'armes.*

De Pantin à la Marne, les hauteurs seront couronnées de forts et d'ouvrages avancés.

Charenton doit recevoir un ouvrage permanent dans le but de s'assurer la possession des deux rivières.

Une citadelle s'élèvera sur le Mont - Valérien, où seront des dépôts de poudres et de munitions.

Sur la rive gauche il y aura des forts à Meudon, Arcueil, Ivry, etc. etc.

Enfin, le nombre total de ces forts doit être de dix-huit ou de vingt.

On dit aussi que les principaux passages de la Seine en amont et en aval seront gardés, et que le plan adopté a été calculé pour rendre Paris inexpugnable, que 5o,ooo gardes nationaux et 25,ooo soldats défendront sans peine la ville et les forts, et qu'entre l'enceinte et les forts une armée de 200,000 hommes pourra bivouaquer à l'abri des plus formidables positions.

Le Gouvernement a évalué la dépense de ce grand ouvrage à 1oo millions.

Voilà à peu près les seules données qui soient encore connues du public [1].

En 1833, *l'enceinte continue,* toute restreinte qu'elle était, paraissait suffisante à ses partisans nombreux; d'autre part, les forts *détachés,* alors si rapprochés de Paris, avaient l'assentiment du Gouvernement et du comité des fortifications; en 184o, le Gouvernement veut employer *à la fois* les deux systèmes, en donnant

---

[1] Nous donnons à la fin de cette brochure, sur cette question, un extrait du dernier écrit de M. le général Rogniat qui était membre de la commission de 1836. On y verra le nombre et les emplacements des forts qu'il proposait en 184o, et qui semblent se rapprocher beaucoup de ceux qui ont été adoptés par le Gouvernement.

même à chacun d'eux plus d'extension, puisque l'enceinte continue suivra à peu près la ligne des anciens forts projetés, et que ceux-ci, augmentés de deux ou de quatre, seront établis beaucoup plus loin comme première ligne de défense, sur un circuit de vingt-trois lieues environ.

N'ayant pas toutes les données nécessaires pour apprécier dans toutes ses parties le nouveau projet, il n'est guère encore possible d'en reconnaître la juste valeur, ni d'entrer à ce sujet dans une discussion bien approfondie.

Il n'est rien dit encore, par exemple, sur le parti que l'on se propose de tirer du canal de Saint-Denis, s'il y aura en avant d'Aubervilliers un fort comme le proposait en dernier lieu le général Rogniat, qui plaçait aussi quatre fortins de Saint-Denis au pont de Sèvres, sur la rive droite de la Seine, pour éclairer et défendre son cours sur cette étendue de quatre lieues. L'enceinte continue que le Gouvernement admet doit sans doute apporter des modifications aux vues de l'ancien président du comité des fortifications; il est possible, et même probable, qu'on considère le canal comme formant la première ligne de défense sur ce point.

On dit bien que les principaux passages de la Seine en amont et en aval seront gardés, sans doute par des têtes de pont; mais seront-elles en fortification permanente ou en fortification passagère, comme l'on se proposait dans le temps de les faire?

Tirera-t-on mieux parti des obstacles naturels que présentent la Seine, la Marne? etc.

La garnison de l'enceinte sera-t-elle pêle-mêle avec les habitants, ou des camps pourront-ils lui être

affectés plus près des retranchements qu'elle aura à défendre, de manière qu'elle n'y ait rien à craindre des
projectiles ennemis?

La ville de Saint-Denis convient-elle comme place
d'armes, si on entend par là une place de dépôt d'armes et de munitions, non-seulement pour Paris, mais
pour l'armée?

L'enceinte bastionnée sera-t-elle pourvue d'établissements militaires, de magasins à poudre? etc.

Les fronts bastionnés de l'enceinte auront-ils le
même profil que les fronts de la première enceinte projetée? etc. etc.

Sans pouvoir juger combien le nouveau système
l'emporterait en valeur sur les deux anciens qu'il réunit, et dont il semble conserver quelques-uns des principaux défauts que nous avons déjà signalés en discutant
la valeur des anciens projets, nous pourrions nous borner à faire observer que tant de fortifications réunies,
outre les dépenses et les servitudes immenses qu'elles
doivent imposer, exigeront aussi de grands moyens de
défense en matériel et *surtout* en troupes réglées :

Comment admettre que cinquante mille gardes nationaux et vingt-cinq mille soldats pussent suffire, si l'armée,
ou du moins une grande partie de l'armée, n'était pas
appelée pour défendre les intervalles des forts, intervalles d'autant plus grands que les positions fortifiées
occuperaient une ligne plus étendue.

Et sans cette armée qui, libre dans ses mouvements,
pourrait ailleurs jouer un si grand rôle, la capitale
étant livrée à ses propres ressources, de quelle grande
utilité seraient alors ces forts isolés, puisque les alliés à
l'aide de quelques remuements de terre faits, *au besoin,*

en une ou deux nuits, sur leur droite et sur leur gauche, pourraient passer entre deux et venir sans autre inquiétude établir des batteries incendiaires et attaquer l'enceinte, *même de loin*, avec quelques pièces de vingt-quatre, si l'enceinte était comme la première, avec contrescarpe en terre, sans dehors, etc.

Sans doute, sur les points les plus menacés, au nord sur le front de Pantin à Nogent, les forts seront plus nombreux, plus rapprochés entre eux ; mais si, comme le demandait M. le général Rogniat (*voir* la note), il y en avait cinq : le premier au-dessus de Pantin, le deuxième en avant de Romainville, le troisième au-dessus de Rosny, le quatrième sur la gauche de Fontenay, et le cinquième au-dessus de Nogent ; si de plus il s'en trouvait un à l'isthme de Saint-Maur et une petite place à Charenton, eu égard au rapprochement de ces sept forts, les onze ou treize autres sur une ligne aussi étendue de vingt-trois lieues, auraient donc entre eux bien plus d'une lieue d'intervalle.

Enfin, dans ce système complexe des forts détachés et de l'enceinte continue, de deux choses l'une : ou les positions occupées par la force armée entre les forts, seraient inexpugnables, ou elles ne le seraient pas. Dans le premier cas, l'enceinte continue serait inutile ; et dans le second cas, comment les défenseurs repoussés vivement de leurs positions, pourraient-ils rentrer dans l'enceinte qui, continue, n'offrirait que des communications bien étroites et en très-petit nombre ?

Aussi, M. le général Rogniat considérant les positions entre les forts occupées par l'armée comme inexpugnables, n'admettait-il à l'intérieur qu'une faible enceinte de sûreté, destinée uniquement à assurer la sécurité des habitants contre les partis ennemis qui, réussissant à se faire jour entre les forts, voudraient tenter de pénétrer en ville.

Mais encore, ces positions seraient-elles réellement inexpugnables ? le Gouvernement ne le pense pas, puisqu'il admet de plus l'enceinte continue. D'ailleurs, l'armée ainsi occupée à défendre Paris, serait-elle employée de la manière la plus avantageuse ? Nous avons déjà tâché de faire voir qu'en manœuvrant sur les flancs de l'ennemi, elle serait appelée à jouer un rôle bien autrement important.

ENCEINTE PROPOSÉE. — SES AVANTAGES.

Nous avons tâché de nous pénétrer de toutes les conditions auxquelles devraient satisfaire les fortifications de Paris. En général, fortifier c'est dépenser beaucoup; pour Paris, la dépense doit être bien plus grande encore et les servitudes doivent être aussi beaucoup plus onéreuses.

Mais avec la latitude que le ministère s'est donnée, avec les 100 millions disponibles et avec les zones de servitudes qu'exigeraient *et* l'enceinte continue agrandie, *et* les forts détachés en plus grand nombre, servitudes les plus restreintes et insuffisantes qu'on peut estimer en bloc, et en temps de paix, *au moins* à 40,000 mètres sur 500 mètres de largeur, et portant par conséquent sur une surface de plus de *deux mille* hectares de terrain, aux portes de Paris, d'un très-grand prix, de 10 à 14,000 fr. l'hectare, sans comprendre la grande surface de terrain qui serait occupée par les fortifications elles-mêmes; avec une telle latitude, déjà la plus grande difficulté se trouve levée, car il ne s'agit plus que de tirer le meilleur parti des positions et d'y approprier de la manière la plus convenable les fortifications à construire.

Ce qui semble donc accordé, c'est d'assurer à tout prix le salut de Paris; mais si, par des dispositions beaucoup moins défavorables à la capitale, on parvenait à atteindre aussi bien, et peut-être mieux, le but qu'on doit se proposer en la fortifiant, on ne saurait contester que de telles dispositions ne dussent être préférées.

Or, le but à atteindre ou les principales conditions à remplir, que nous avons déjà exposées, et que nous croyons devoir résumer ici, sont ou devraient être :

1°. Que l'ennemi ne puisse s'emparer de Paris par surprise ni par attaque de vive force, qu'il soit obligé de recourir à des moyens de siége, que des brèches ne puissent être ouvertes de loin, que l'ennemi soit forcé à des cheminements jusque sur la crête des glacis;

2°. Que les retranchements soient tels que la capitale puisse très-bien se défendre avec ses ressources, avec la garde nationale, des recrues et puis 15 à 20,000 hommes de troupes réglées pour les actions de vigueur, et détachées de l'armée au dernier moment pour la défense, qu'en conséquence l'enceinte soit continue;

3°. Que cette enceinte soit tellement vaste que Paris ne puisse ni être bloqué, ni avoir à craindre les effets des batteries incendiaires, que la garnison puisse être répartie dans des camps, à l'abri des projectiles de l'ennemi et à portée des retranchements à défendre :

Plus l'enceinte sera vaste, plus ces avantages seront saillants; moins la capitale sera ville de guerre, moins les servitudes seront onéreuses, et plus il y aura de facilités à accumuler les approvisionnements en subsistances, et d'appauvrir, sous ce rapport, au profit de Paris, de sa population et de ses défenseurs, le sol que l'ennemi devra fouler;

4°. Que dans la disposition des ouvrages on parvienne à tirer le parti le plus avantageux, *et* des accidents de terrains, *et* des obstacles naturels, *et* des effets de l'artillerie; que les ouvrages se prêtent le plus possible au bon emploi de cette arme puissante, afin de pouvoir rendre les remparts formidables, avec le plus petit nombre de défenseurs; qu'enfin en temps de paix, la fortification puisse en partie être comblée et Paris redevenir ville ouverte, sans préjudice pour les maçonneries des escarpes, contrescarpes, dont la conservation serait au contraire assurée ainsi sans frais, de tels remblais devant d'ailleurs porter sur les parties les moins attaquables comme les moins défensives, telles que courtines, etc. [1];

5°. Que par des têtes de pont *permanentes* sur la Marne, d'une part, et de l'autre sur la Seine, *surtout* en aval de Saint-Denis, ouvrages rattachés à l'enceinte, des communications directes soient conservées avec nos corps d'armée ayant pour appui trois forts *détachés* au loin (camps retranchés), et opérant ainsi avec

[1] Ce serait encore bien peu que ces espaces ouverts, les courtines n'ayant qu'une centaine de mètres de longueur sur 360 mètres de côté extérieur du front bastionné, tandis que, d'après notre tracé, des fronts bastionnés de 450 mètres, *à feux rasants,* contrescarpes revêtues, aux courtines desquels l'ennemi ne pourrait faire brèche ni de loin ni de près, même sans dehors, ces fronts se suffisant par conséquent à eux-mêmes, offrant des communications plus faciles, la défense des fossés, leurs flancs à l'abri des feux de l'ennemi jusqu'aux dernières approches, des retranchements intérieurs et des feux d'artillerie de *revers* jusque sur les brèches, ces fronts enfin présenteraient des courtines de 300 mètres environ de longueur.

plus d'avantages sur les derrières et sur les flancs de l'ennemi [1];

6°. Paris, grand centre d'action, où doivent converger de l'intérieur toutes les ressources, non-seulement pour sa défense propre, mais encore pour les besoins de nos armées rapprochées, et par conséquent éloignées des places frontières, doit, en conséquence, posséder un vaste établissement d'entrepôt, *et* pour tout son matériel en temps de paix, pour des subsistances en temps de guerre, *et* pour les besoins de l'armée :

Un tel établissement, qu'il faudrait très-vaste, tout militaire et concourant à la défense, ne saurait être ni dans l'intérieur de Paris ni sur la ligne de défense, de *manière* à être en prise aux premiers coups de l'ennemi ; il faudrait que celui-ci ne pût *même* songer à s'en emparer de prime abord ;

7°. Comme tant et de si grands travaux à exécuter ne sauraient être improvisés, que leur construction doit exiger des années, il y aurait une grande importance à ce que la disposition de tous les ouvrages fût telle que, par un commencement d'exécution, Paris pût être mis le plus tôt possible à l'abri d'une attaque de vive force au moins sur les points les plus menacés, condition dont les circonstances actuelles doivent faire assez ressortir toute l'importance.

Essayons maintenant de reconnaître jusqu'à quel point il nous serait possible de satisfaire à ces conditions diverses :

---

[1] Les têtes de pont *permanentes*, comme telles devant offrir beaucoup plus de résistance, étant de plus rattachées à l'enceinte, elles formeraient en quelque sorte des bastions *avec retranchements intérieurs*, puisqu'en supposant même que l'ennemi parvînt à s'en emparer, il aurait encore des passages de rivière à effectuer.

1°. *De Pantin à Saint-Denis* se présente, pour ainsi dire, un seul et vaste front bastionné, ayant le canal Saint-Denis, sur une longueur de 5 kilomètres, pour courtine qui serait à l'abri de toute enfilade, ricochets, etc. Si, considérant jusque près de Saint-Denis ce canal de 35 mètres de largeur et 2.5o de profondeur d'eau comme avant-fossé, vers Paris un nouveau fossé assez profond, distant du canal de 10 mètres environ, était creusé parallèlement et *revêtu* avec 2 mètres de profondeur d'eau fournie par le canal, un rempart assez épais étant adossé à ce fossé avec un large terre-plein qui permît le service des bouches à feu, et en arrière une circulation facile, ce rempart ne serait-il pas là une garantie plus que suffisante que l'ennemi ne tenterait pas d'attaquer de ce côté? Il n'y aurait ni surprise ni attaque de vive force à craindre, et l'ennemi ne pourrait même faire brèche, la fortification étant rasante, l'escarpe moins haute que la contrescarpe, le talus extérieur peu en pente avec berme, et ce rempart se trouvant garanti par le canal et par l'espèce de contregarde en avant du fossé, contregarde trop étroite pour que l'ennemi pût s'y établir. Il faudrait pour cela qu'il comblât le canal, exposé qu'il serait d'ailleurs dans tous ses cheminements aux feux directs et obliques du rempart, et à ceux d'enfilade et même de revers des lunettes collatérales ou des deux têtes de pont sur lesquels l'ennemi aurait plutôt à diriger ses attaques et à faire brèche d'abord.

Les lunettes qui couvrent les sas d'écluse et qui devraient être portées un peu plus en avant, les deux têtes de pont qui existent déjà, mais auxquelles il faudrait ou des demi-lunes pour couvrir leurs courtines, ou un autre tracé et des revêtements en maçonnerie, un plus grand relief, tous ces ouvrages seraient protégés du rempart en arrière par des batteries *à redans;* d'autres bouches à feu en plus ou moins grand nombre seraient disponibles aussi sur le rempart et pourraient être transportées où besoin serait, etc.

Cette grande courtine étant couverte à gauche sous Saint-Denis par une inondation, il est à remarquer que sur la droite le grand rentrant formé par les canaux de Saint-Denis et de l'Ourcq, offrirait de plus une position avantageuse pour une grande place d'armes en dehors, qui faciliterait beaucoup les retours offensifs. Des abris blindés pour la troupe y seraient préparés au besoin, etc. [1]

Mais, dira-t-on, il y a à craindre que l'ennemi, détournant les eaux du canal de l'Ourcq, ne parvienne ainsi à mettre le canal à sec. « Peu importe! on ne manquerait point d'eau : d'abord le bassin de la Villette en fournirait, et lorsqu'il serait épuisé, il serait facile d'en élever de la Seine dans le premier bief, et ensuite de bief en bief jusqu'au plus élevé *par une judicieuse application de la force des machines locomotives fournies par les chemins de fer.* [2] »

Seraient-ce là des moyens suffisants et bien efficaces?

Les deux puits artésiens creusés près de la gare de Saint-Ouen, attestent l'existence d'une nappe d'eau à une certaine profondeur; cette nappe doit, très-proba-

---

[1] Il paraît qu'on se propose de construire là l'ancien fort d'Orléans, mais outre que les feux de la moitié de ce fort, en arrière à la gorge, seraient très-peu utiles, paralysés, il n'aurait en avant que des feux divergents et peu nombreux, tandis que des remparts qui seraient élevés derrière les canaux de Saint-Denis et de l'Ourcq et des deux têtes de pont, on aurait des feux d'artillerie multipliés bien plus étendus, et qui se croiseraient en avant de ce rentrant.

[2] Général Rogniat, *Réponse à l'auteur de l'ouvrage intitulé : du Projet de fortifier Paris*, pag. 22.

blement, exister aussi sous le sol de la Villette. En y construisant donc plusieurs puits artésiens assez puissants, on y aurait également cette eau limpide, qui, même au besoin, pourrait remplacer celle de l'Ourcq pour le service des fontaines de Paris. Mais le canal Saint-Denis a douze écluses de la Villette à la basse Seine; à 2 mètres chacune, c'est donc 24 mètres de différence de niveau; et les eaux de source ne s'élevant dans les puits de Saint-Ouen qu'à 5 mètres environ au-dessus du sol, il faudrait donc à la Villette une machine à vapeur pour élever encore l'eau à 18 ou 20 mètres, au-dessus du bassin rempli des eaux souterraines que les puits artésiens y amèneraient.

2°. *De Pantin au pont de Saint-Maur.*

A l'aide des cinq forts mentionnés, quoique plus rapprochés les uns des autres sur une étendue de 7 kilomètres environ, parviendra-t-on à se rendre maître de tous les accidents de terrain, là si nombreux, aussi bien qu'on pourrait le faire par des ouvrages avancés simples, mais plus nombreux et bien placés, se rattachant d'ailleurs par des caponnières à une enceinte continue en arrière, fortement organisée, avec escarpes, contrescarpes revêtues, avec demi-lunes, etc.

Depuis la route des *Petits-Ponts*, rive droite, jusqu'en avant de Pantin, de là jusqu'en avant de Romainville, puis jusqu'en avant de Montreuil, de là jusqu'au bois de Vincennes et au pont de Saint-Maur, laissant en dehors Fontenay et Nogent, et profitant du bois de Vincennes, des fronts presque en ligne droite pourraient être construits, et ce serait bien là le cas de tirer parti des ressources de la fortification permanente pour mettre à profit les obstacles naturels de cette grande position, que l'on considère sur plusieurs points comme forte par elle-même, et qui serait pourtant une des plus menacées.

Alors les ouvrages avancés ne seraient plus isolés ; tenant à l'enceinte, leur force en serait plus grande ; outre qu'ils éclaireraient les bas-fonds, ils prendraient des revers, faciliteraient les sorties, les actions de vigueur, et comme il faudrait que l'ennemi commençât par s'en emparer, il faudrait aussi qu'il fût réduit à y faire brèche, ce qui serait d'autant plus difficile que les positions seraient escarpées, leurs flancs et leurs gorges protégés, etc.

Alors des attaques dirigées sur ces positions pourraient devenir les plus longues et les plus périlleuses pour l'ennemi [1].

3°. *Du pont de Saint-Maur à Charenton*. La Marne fait un très-grand coude : indépendamment de la Marne, là se trouvent le canal Saint-Maur, le canal de décharge des usines et les hauteurs sur la rive droite, toutes choses qui rendent ces positions faciles à défendre, et dont les attaques pourraient même être prises à revers par la grande tête de pont permanente qu'il faudrait faire à Charenton, en avant de l'établissement d'Alfort.

4°. *Saint-Denis*. Reportons-nous maintenant sur la gauche à Saint-Denis : les fortifications de cette ville formant un des saillants de ce vaste front, qui aurait le canal de Saint-Denis pour courtine, pourraient devenir le point d'attaque de l'ennemi. Mais à l'aide des ruisseaux qui convergent sur ce point, une grande partie

---

[1] A l'aide d'un nouveau tracé du front bastionné, de simples fronts sans dehors, mais plus en arrière et ayant devant eux un terrain peu accidenté et bien éclairé, seraient suffisants ; quelques lunettes cependant seraient jetées en avant des fronts pour servir d'ouvrages de contre-approche, etc.

de l'enceinte serait inondée ; cette position pourrait donc être facilement mise en bon état de défense ; les deux plateaux seraient occupés, en profitant des ouvrages de campagne déjà faits et à améliorer, en sorte qu'il y aurait d'autant moins à craindre sur ce point, que le canal, en arrière, formerait encore un retranchement intérieur.

Néanmoins, la position avancée de Saint-Denis, ses habitations entassées, doivent s'opposer à ce qu'on en fasse une place d'armes, un entrepôt de matériel, de poudre et de munitions.

En face de Saint-Denis, dans la presqu'île, quels avantages ne trouverait-on pas à y établir de préférence une place d'armes toute militaire, aussi vaste qu'on la désirerait pour les besoins de la défense de Paris et pour ceux de l'armée, avec bâtiments, magasins, casernes voûtées à l'épreuve ?

Cette place serait défendue sur trois côtés par la Seine, et l'on ferait tourner l'île étroite en avant au profit de la défense par des ouvrages avancés.

Protégeant Saint-Denis à l'ouest par les revers qu'elle prendrait, soit par elle-même, soit par une tête de pont qu'on ferait, etc., on rendrait cette place assez forte pour que l'ennemi n'eût *même* pas à songer à s'en emparer de prime abord.

Au sud, où elle serait bien moins exposée encore à être attaquée, surtout d'après les dispositions qui vont être développées, la place ne cesserait pas d'être en communication avec Paris, puisqu'elle serait comprise dans l'enceinte. Quoiqu'il n'y eût pas nécessité de tant la fortifier au sud, cependant on pourrait y faire un canal de dérivation, et obtenir des chutes pour des moulins à blé, etc., etc.

Ainsi, au nord de Paris, où les alliés se présenteraient d'abord, on voit qu'il y aurait moyen de mettre Paris en bon état de défense, en éloignant cette défense, et sans faire des sacrifices en argent et en servitudes aussi considérables, puisque les terrains auraient moins de prix, qu'on profiterait d'ailleurs de ceux déjà acquis et de quelques travaux ébauchés. Ainsi, de Saint-Denis au pont de Saint-Maur et à l'isthme qui seraient occupés, et jusqu'à Charenton, il n'y aurait pas à craindre d'attaques de vive force, et ce ne serait que par un siége long et périlleux que l'ennemi pourrait parvenir à s'emparer de quelqu'une de ces positions.

5°. *De Saint-Denis à la pointe de l'île de Croissi.* A Saint-Denis, la Seine se repliant y fait un grand coude, dont nous tirerions parti pour la place d'armes : entre Asnières et Argenteuil, et de Suresne à la pointe de l'île de Croissi, la presqu'île embrasse une vaste plaine dominée au sud par le Mont-Valérien.

Considérant la Seine comme continuant l'enceinte de Saint-Denis à Croissi, sur cette étendue, l'ennemi, pour pénétrer dans Paris, aurait *deux passages de rivière* à effectuer, et si, de la place toute militaire à créer en face de Saint-Denis, dans la presqu'île, jusqu'au saillant de l'île de Croissi, se trouvait sur la rive gauche seulement une ligne de redoutes avec escarpes et contrescarpes, revêtues et armées chacune de six à huit bouches à feu, que ces redoutes fussent distantes entre elles (terme moyen) de 800 mètres, éloignées de 300 à 500 mètres de la rivière, suivant que les hauteurs de la rive opposée auraient plus ou moins de commandement, pense-t-on qu'il fût facile à l'ennemi d'exécuter ce *premier* passage sur des ponts de bateaux, les seuls admissibles et dont il devrait être pourvu et que l'artillerie de nos redoutes bouleverserait si aisément? Les ponts même établis, il faudrait que l'armée ennemie défilât sous nos feux croisés avec son matériel, sur ces ponts qu'un seul boulet pourrait disloquer. Aurait-elle pu prendre terre sur notre rive, ayant un nouveau passage de rivière à faire, il faudrait, que toujours sous notre feu, elle repliât ses ponts ou en eût d'autres, et qu'elle défilât entre les redoutes, etc.

Or, comme l'on ne peut admettre tant de résolution, parce qu'elle serait insensée, il faut reconnaître qu'il y aurait un moyen bien simple de nous mettre sur une aussi grande étendue de plus de trois lieues, à l'abri de toutes tentatives de l'ennemi, à l'aide de simples redoutes à fortification, autant que possible, rasante, fossés peu larges, escarpes moins élevées que les contrescarpes, talus extérieurs *du côté de la rivière* peu inclinés avec berme, et grande épaisseur de parapets.

Sans doute, ce que l'ennemi aurait de mieux à faire, ce serait de chercher, en élevant des batteries sur l'autre rive, à éteindre les feux, à raser les parapets de nos redoutes dont elles seraient distantes *au moins* de 450 mètres; mais pour cela il lui faudrait du gros calibre, premier point, et quels effets avec des boulets et même des obus parviendrait-il à obtenir sur ces reliefs en terre, dont nous avons indiqué le profil? Nous n'aurions pas à nous en inquiéter beaucoup. En effet, ces batteries enfin construites et en activité, après nous y être opposés par nos feux croisés de trois redoutes qui nécessairement occasionneraient des pertes et des retards à l'ennemi, quels grands succès pourrait-il se promettre d'un tir de plein fouet à ces distances, la plupart de nos pièces mises à l'abri, nos embrasures masquées, les parapets réparés à mesure, et nos garnisons à l'abri sous des blindages [1] ?

On voit déjà à quéls plus grands développements l'ennemi serait obligé, mais ce n'est pas tout : comme il serait très-important de nous ménager autant que possible des communications avec nos corps d'armées, sur les flancs ou sur les derrières de l'ennemi, *plutôt pour leur envoyer que pour en recevoir des secours en hommes et en matériel*, Paris devant être un vaste dépôt où les recrues de l'intérieur afflueraient, seraient exercées, etc., Argenteuil se trouverait là dans une position bien remarquable, comme tête de pont : les routes convergent sur ce point, et cette tête de pont nous assurerait sur la gauche des communications directes avantageuses, tandis que sur la droite, par les ponts de Saint-Maur et de Charenton, des communications seraient établies avec la rive droite de la Seine, en amont, et avec la rive gauche de la Marne. Ainsi, la défense étendant ses bras d'Argenteuil à Charenton, embrassant le grand coude de la Marne, pour fermer également tous les passages avec des forces assez imposantes, quelles distances l'ennemi n'aurait-il pas à parcourir, quelle étendue de terrain au dehors à occuper, qui le

---

[1] Il est même à remarquer que d'Argenteuil à Saint-Denis la route est éloignée de la rivière dont les abords sont abruptes et, que pour y faire arriver de la grosse artillerie, l'ennemi aurait d'abord à se frayer des communications.

M. le général Rogniat voulait, en 1840, de Saint-Denis au pont de Sèvres, sur quatre lieues d'étendue, quatre fortins *pour éclairer et défendre le cours de la Seine* (voir la note). C'était là le seul moyen de défense que le général Rogniat proposait à l'ouest : ainsi un seul passage de la Seine à faire et quatre fortins sur quatre lieues d'étendue pour défendre son cours ! L'armée, il est vrai, devrait être employée à la défense de Paris, tandis que, ici, la capitale avec ses immenses ressources, devrait se défendre elle-même.

forcerait à disséminer ses forces, étendue qui ne serait pas moins de sept lieues !

La tête de pont d'Argenteuil dont les flancs seraient protégés par nos redoutes de la rive gauche et que l'on rendrait encore plus respectable par un fortin construit à droite sur la butte d'Orgemont, cette tête de pont seule suffirait : il n'y aurait pas nécessité d'occuper Bezons, ni Carrière-Saint-Denis, ni Chatou ; car il n'y a de communications de Bezons, de Carrière, Chatou au nord-est que celle d'Argenteuil que nous intercepterions, et sur notre rive les redoutes correspondant à ces points étant plus rapprochées entre elles, croiseraient leurs feux sur ces passages de rivière d'ailleurs interrompus. Les redoutes établies pour protéger les flancs de la tête de pont d'Argenteuil serviraient encore à interdire le passage de la rivière, si l'ennemi parvenait à s'emparer de cette tête de pont.

6°. *Du saillant de l'île de Croissi à Suresnes.* En occupant la rive gauche de la Seine depuis la place d'armes de Villeneuve-Saint-Denis *à Créer,* jusqu'à l'île Croissi, il y aurait à la vérité une trouée de Suresnes au saillant de cette île, mais pour que l'ennemi pût se présenter devant cette trouée, venant du nord et de l'est, il faudrait qu'il eût passé la Seine ; et ne serait-ce pas déjà quelque chose qu'il compromît ainsi ses lignes d'opération, nous occupant Argenteuil, etc.

Pour fermer cette trouée, appuyés que nous serions au fort du Mont-Valérien, cinq redoutes solides avec revêtements étant placées à 600 mètres environ de distance les unes des autres, en avant de Nanterre, leur ligne formant un rentrant : la dernière près du saillant de l'île Croissi, le fort du Mont-Valérien ayant d'ailleurs trois lunettes avancées pour éclairer les dehors, l'une protégeant Suresnes, celle du milieu balayant le terrain en avant, et celle de droite croisant ses feux avec la première redoute, il faudrait que l'ennemi attaquât ces redoutes, qu'il y fît brèche, ou qu'il passât sous ces Fourches Caudines avec son matériel et des équipages de pont avant de pouvoir s'étendre dans la plaine en arrière et songer à effectuer encore un nouveau passage de rivière qui lui serait disputé. Ainsi sur cette double ligne de défense, l'ennemi n'aurait guère plus prise que sur celle de Croissi à Saint-Denis [1].

Pour une défense de Paris aussi grande et aussi vaste qu'il nous semblerait convenable de la préparer, plus loin nous produirons d'autres moyens de nous établir plus solidement encore dans cette grande presqu'île à l'aide d'un camp retranché bien simple qui serait établi dans la garenne de Colombes, indépendamment de la grande place d'armes de Villeneuve-Saint-Denis et du fort du Mont-Valérien.

7°. *De Suresnes jusqu'au-dessous de Javelle.* La manière dont la Seine, dans tous ses circuits, se prête à la défense de Paris, semble bien remarquable : de Suresnes à Saint-Cloud, à Sèvres, à Javelle, elle forme encore un coude ou arc dont il suffirait sur la rive droite d'occuper une corde depuis Suresnes, *un peu au-dessus* sur la rive opposée jusqu'*au-dessous* de Javelle. Ainsi la ligne de défense traverserait le bois de Boulogne, balayerait les avenues de Saint-Cloud et de Sèvres, etc. [2].

---

[1] Le Mont-Valérien offre dans notre cas une position réellement avantageuse que nous mettrions complétement à profit, tandis que dans le projet du Gouvernement cette position paraît plutôt en dehors de la première ligne de défense des forts détachés.

[2] Nous avons dit *un peu au-dessus* de Suresnes, afin de se ménager le moyen de protéger ce village de la rive opposée et d'empê-

Si l'on considère que cette ligne de défense serait presqu'en ligne droite, au moins dans le bois de Boulogne, et que pour l'aborder, l'ennemi n'aurait que les défilés de deux ponts, qu'ayant devant lui nos retranchements, il aurait partout à dos la rivière, faudrait-il là des ouvrages bien formidables, aidé comme on le serait par l'obstacle naturel que présenterait le bois et qu'il faudrait mettre à profit?

8°. *De Javelle à la Gare* (rive gauche). Enfin sur la rive gauche de la Seine prenant un point de départ non loin de Javelle, à 250 ou 300 mètres *au-dessus* du point où les retranchements de la rive opposée aboutiraient à la rivière, afin de se ménager encore ici un moyen facile de balayer en avant la plaine de Grenelle et d'y avoir des feux croisés, la ligne de défense irait directement au mamelon du moulin de Vanvres, de là au Grand-Montrouge en avant du parc et puis au delà de la route d'Orléans; ici se repliant et suivant le haut du plateau de Gentilly jusque près de la mire de l'Observatoire, elle descendrait, traverserait la Bièvre en arrière du Grand-Gentilly, puis remontant, elle présenterait dans les intervalles des trois routes de Fontainebleau, de Choisy-le-Roi et d'Ivry, ses saillants flanqués, passerait devant Austerlitz et aboutirait à la rivière vers les premières maisons de la Gare.

Ici encore la plaine d'Ivry serait battue de la rive opposée jusqu'à Carrières-Charenton; près des deux rives à la Gare et à Javelle les retranchements pourraient être en ligne droite sur une certaine étendue comme courtines sans bastion.

Enfin sur la Seine, une tête de pont aussi permanente cher, conjointement avec le fort du Mont-Valérien, que l'ennemi ne puisse par là avancer.

construite sous Charenton, assurerait les communications d'une rive à l'autre et servirait conjointement avec les retranchements de la Gare et quelques batteries mobiles sur la rive droite, à empêcher toute tentative de l'ennemi pour passer de la plaine d'Ivry sur la rive droite de la Seine entre Charenton et Bercy [1].

La puissance des retranchements devant être sur les différents points en raison de la force et des moyens dont l'ennemi pourrait y disposer, qu'il vînt du *midi* ou du *nord*, les distances à parcourir seraient trop grandes et au nord hérissées de trop de difficultés pour qu'il pût traîner à sa suite un équipage de siége.

Mais c'est du nord-est que les alliés se dirigeraient en plus grande masse sur Paris. Alors pour se présenter sur la rive gauche de la Seine au midi de la capitale, il faudrait qu'ils fissent le passage de cette rivière, et pour cela ils seraient forcés de s'étendre beaucoup et compromettraient leurs lignes d'opérations, que ces pas-

---

[1] Le système bastionné ne semblerait pas également convenable sur tous les points : par exemple, au delà de la route d'Orléans, en retour sur le plateau de Gentilly et sur le plateau en face de Bicêtre, en général lorsque les lignes de défense offrent des retours trop prononcés, comme aussi dans bien des cas pour des têtes de pont. Un système à *crémaillère* à angles à peu près droits avec côtés de 150 à 200 et de 50 à 60 mètres environ, avec traverses (les couronnements, les batteries de brèche pouvant être pris d'enfilade et même à revers), un tel système, dans ces cas, semblerait préférable.

Les fossés seraient alors mieux défendus encore par des casemates basses établies dans les angles rentrants, en travers dans le fond des fossés qu'elles balayeraient des deux côtés :

Une seule casemate à doubles feux dans chaque rentrant, sa hauteur totale de 4 à 5 mètres au-dessus du fond du fossé profond de 8 à 9 mètres — communication au-dessus à l'aide d'un pont en charpente — moyen de garantir les faces de ces casemates des projectiles de l'ennemi, etc., toutes choses praticables et susceptibles de modifications suivant les localités.

sages fussent exécutés prè de Paris ou plus loin ; dans ce dernier cas, à plus forte raison, leur ligne serait compromise, si au lieu des forts détachés sur la rive gauche sous Paris, deux camps retranchés étaient établis l'un sur l'Oise à Creil par exemple, et l'autre sur la Seine, par exemple à Montereau, quoiqu'un peu éloigné, position d'ailleurs avantageuse, confluent de deux rivières où l'Yonne semble se présenter si bien pour la défense de ce camp d'où la route de Moret serait même commandée.

En conséquence, *il n'y aurait pas lieu à faire au midi de Paris de la Gare à Javelle, ni même de Javelle à Suresnes et à Croissi des fortifications aussi importantes que sur la rive droite au nord, d'Argenteuil à Charenton,* et il y aurait moins nécessité encore, si, au lieu de cinq ou six forts détachés de Meudon à Ivry, deux camps retranchés étaient construits non loin de Paris sur l'Oise et sur la Seine, ces rivières fournissant d'ailleurs le moyen de les établir solidement et à peu de frais.

Maintenant, que l'on considère cette grande enceinte telle qu'il nous semblerait convenable de la faire, ce vaste pourtour de fortifications où les obstacles naturels, les circuits de la Seine, la Marne, les canaux de Saint-Denis et de l'Ourcq, les inondations de Saint-Denis, les bois de Vincennes et de Boulogne, les hauteurs de Romainville, celles le long de la Marne et du Mont-Valérien, hauteurs avantageuses non pour les effets d'artillerie, mais comme moins accessibles ; que l'on considère ces positions où tous les obstacles jouent leur rôle, et sont, autant que possible, mis à profit pour la défense; que l'on considère l'éloignement où l'ennemi serait tenu : *à gauche,* par la position d'Argenteuil, nœud de toutes les communications de ce côté, venant du nord-est : *à droite,* par le grand coude que fait la Marne. Avec une telle enceinte les alliés, quelque nombreux qu'ils fussent, pourraient-ils parvenir à bloquer la capitale et à occuper pour cela une étendue de plus de vingt lieues, à être sur tant de points en forces suffisantes? Même sur la rive droite au nord, d'Argenteuil à Charenton, sur une distance de plus de neuf lieues, l'ennemi pourrait-il être maître également partout de cette vaste étendue de terrain?

A considérer encore qu'Argenteuil étant occupé, nous assurerait une communication importante avec nos corps d'armée, qu'il interdirait à l'ennemi le passage de la Seine au Pecq, et couvrirait ainsi Saint-Germain, Versailles, les communications avec l'intérieur, les convois divers, etc.

Quant aux effets des batteries incendiaires, à l'ouest du côté d'Argenteuil, toute espèce de crainte disparaîtrait; à l'est, la grande tête de pont en avant d'Alfort serait encore une plus grande garantie que le fort de Charenton, et partout ailleurs on trouverait les mêmes garanties qu'avec la double ligne de défense du projet actuel du ministère [1].

En temps de paix :

Paris serait-il encore place de guerre dans une telle enceinte, dont les retranchements seraient si éloignés,

---

[1] Au sud, des forts détachés avec des intervalles d'une lieue, à moins que ces intervalles ne fussent occupés par l'armée régulière, n'empêcheraient pas l'ennemi de passer outre, ne fût-ce qu'avec quelques obusiers et même quelques chevalets pour venir lancer des obus ou des fusées incendiaires.

et qu'on pourrait faire disparaître en partie en com-
blant les fossés des courtines, disposition qui serait
d'une application bien plus étendue par l'adoption
d'un autre tracé du front bastionné que nous croyons
préférable sous ce rapport comme sous celui bien plus
important de la défense, 1°. Parce que ce front présenterait des courtines de 3oo mètres environ de longueur : ces courtines effacées, leurs fossés comblés et
les murs de revêtement ainsi maintenus en bon état de
conservation, alors les bastions (au besoin avec retranchement intérieur et sans dehors) resteraient seuls
à entretenir en temps de paix. 2°. Parce qu'en cas de
siége, l'artillerie, cette arme puissante, serait appelée
à jouer le plus grand rôle au profit de la garnison qu'il
faudrait alors moins nombreuse.

En temps de guerre :

Que par suite d'événements les plus malheureux, de
batailles perdues, le territoire soit envahi par les alliés,
qu'ils parviennent jusque sous les murs de la capitale,
quand le canon tonnerait sur les hauteurs de Romainville, sur les remparts de Saint-Denis ou aux têtes de
pont d'Argenteuil ou de Saint-Maur, l'éloignement serait assez grand pour que le paisible citadin pût ne pas
s'en émouvoir. Et quelles sensations un tel bruit ne
produirait-il pas dans tous ces hommes de juillet, hommes du peuple, qui alors auraient d'autres armes que
des pavés contre les ennemis de la France !

Eu égard au développement considérable que nous
donnons à l'enceinte, la force armée qui serait nécessaire pour occuper une ligne de défense aussi vaste,
sera sans doute le sujet d'une grande objection.

D'abord, nous prions de remarquer que c'est à l'ouest
que nous donnons une extension bien plus grande à la

ligne de défense, puisque là nous embrassons la presqu'île de Nauterre à Saint-Denis.

Mais faudrait-il donc tant de monde pour garder ces deux grands côtés depuis le Mont-Valérien jusqu'à la pointe de l'île de Croissi, et de là jusqu'à Villeneuve-Saint-Denis?

Vingt à vingt - deux redoutes contenant chacune 80 hommes, suffiraient sur cette grande étendue de cinq lieues environ; ce serait donc 1,600 à 1,760 hommes; en triplant pour faire la part du repos, on aurait donc 5,300 hommes au plus à affecter à cette défense *qui*, *à l'ouest, couvrirait Paris!* Il faudrait, en outre, la garnison de la tête de pont d'Argenteuil. Et dans tous ces postes aussi solidement retranchés, qui mettraient à l'abri de toute surprise et de toute attaque de vive force, postes que la Seine, de Croissi à Saint-Denis, séparerait encore de l'assiégeant, il est bien à remarquer que des gardes nationaux et des recrues feraient aussi bien leur service que des troupes exercées.

Mais, durant une guerre d'invasion, lorsque le territoire serait déjà en partie occupé par l'ennemi, Paris, grand centre d'action où devraient alors affluer toutes les ressources des contrées à l'ouest jusqu'au fond de la Bretagne et au delà des rives de la Loire; ce grand centre de mouvement courrait-il donc risque d'être dépourvu de défenseurs et de moyens matériels de résistance?

Dans notre cas, il y aurait place pour tous ces moyens, pour les hommes et pour les choses; ce qui serait nécessaire surtout, serait d'en disposer convenablement, de les bien distribuer.

Aux 50,000 hommes de la garde nationale active de Paris et de la Banlieue, viendraient se joindre plus de

5o,000 recrues, qui, dans les plaines de la presqu'île de Saint-Denis, ce nouveau Champ de Mars, seraient exercées et préparées à rivaliser bientôt sur les champs de bataille avec leurs frères aînés. A ces 100,000 hommes disponibles, pleins d'ardeur, il y aurait à ajouter, et tous les volontaires et les braves artisans endurcis par le travail, au cœur généreux que le patriotisme enflammerait, et les 15 ou 20,000 hommes de troupes réglées détachées de l'armée au dernier moment pour les actions de vigueur.

Avec tant de ressources en hommes, et avec toutes celles en matériel que renfermerait la vaste place d'armes de Villeneuve-Saint-Denis, en nous ménageant des communications directes avec nos corps d'armée manœuvrant sur les flancs de l'ennemi, et ayant pour appuis trois places à construire non loin de Paris sur la Seine, la Marne et l'Oise, ce serait donc bien moins pour recevoir que pour envoyer des secours que serviraient ces communications.

Quel serait en définitive le chiffre de la garnison nécessaire pour la défense de la vaste enceinte de Paris?

La solution de cette question doit encore être subordonnée à l'usage qu'on ferait de l'artillerie et à la manière dont les fortifications seraient appropriées à son emploi : plus les effets que l'artillerie pourrait produire, seraient mis à profit, plus la résistance serait efficace et moins il faudrait de défenseurs ou de fusiliers.

Des bouches à feu, de la poudre et des projectiles, des bois pour blindages, des sacs à terre et des gabions, puis des artilleurs en masse pour utiliser toutes ces choses, voilà quels pourraient être les principaux élé-

ments d'une bonne défense, derrière des retranchements solides et bien entendus [1].

La garnison entière, gardes nationaux, soldats et
recrues seraient répartis dans des camps hors de Paris,
assez éloignés des retranchements pour être entièrement hors de portée des projectiles ennemis.

[1] Il faudrait 1,500 à 1,800 bouches à feu de tous calibres et des
artilleurs par milliers.

Il est à remarquer qu'en temps de guerre la garde nationale
serait surtout appelée à faire le service dans les places fortes où
l'artillerie aurait, même dans l'état actuel des choses, tant besoin
d'auxiliaires. A cet égard, n'est-il pas étrange que les artilleurs de
la garde nationale ne soient pas exercés, ni même organisés dans
bien des places, notamment à Paris?

Quant aux bouches à feu, on prodigue en France le bronze pour
les canons *de place*, et les canons en bronze coûtent six fois plus
que ceux en fonte de fer, c'est-à-dire qu'avec la valeur de 500 canons en bronze on en aurait 1,800 en fonte de fer lesquels tous en
bronze du calibre de 16 par exemple, doivent coûter plus de 10 millions!

Le minerai de fer est abondant en France; le cuivre et l'étain
formant le bronze, sont tirés de l'étranger, et ce qui est bien à
considérer encore, la fonte étant bien moins fusible et plus dure
que le bronze, permet un tir beaucoup plus rapide, etc.

La grande objection, c'est que les canons en fonte sont sujets à
éclater; des épreuves nombreuses ont été faites, mais avec des
pièces de 24. Or, les canons *de place* ne sont pas de 24, mais de
calibres inférieurs, de 12 et de 16 : et comme les pièces de 8 longues, qui dans les fonderies de la marine servent aux épreuves *à
outrance*, offrent depuis plusieurs années bien plus que la résistance désirable, on pourrait en conclure que des pièces de 12 et
même de 16 pourraient encore, surtout avec un mode de charge-
ment convenable, avoir une résistance suffisante, lors même que
celles de 24 ne l'auraient pas.

Pour être au moins conséquent, il faudrait à plus forte raison
proscrire le 36 en fonte employé sur les côtes, d'autant plus que
ce sont encore de vieux canons fabriqués avec bien moins de soins
qu'à présent, et qu'en général ces canons doivent offrir moins
de résistance que le 24, à raison des charges plus fortes et des
projectiles plus lourds qu'ils exigent.

De Charenton à Saint-Denis il y aurait, par exemple, cinq camps, savoir : le premier, dans la plaine de Conflans ; le deuxième, à Vincennes ; le troisième, à Montreuil ; le quatrième, à Saint-Gervais, et le cinquième, dans la plaine de Saint-Denis.

Dans la presqu'île de Saint-Denis, outre la place d'armes de Villeneuve-Saint-Denis et le fort du Mont-Valérien, un vaste camp intermédiaire destiné aux recrues serait établi, par exemple, dans la garenne de Colombes ; il serait retranché *temporairement* par les recrues elles-mêmes ; de forme simplement circulaire, ce camp n'aurait que sa contrescarpe revêtue en maçonnerie d'une épaisseur suffisante pour résister à la poussée des terres. En temps de paix ces fossés seraient comblés.

Il y aurait un camp dans le bois de Boulogne, trois camps sur la rive gauche de la Seine : à Vaugirard, à Montrouge et à Austerlitz.

L'étendue et la composition de tous ces camps seraient nécessairement différentes, suivant que les retranchements à défendre qui leur correspondraient, seraient plus ou moins étendus, et surtout suivant qu'ils seraient plus ou moins menacés : à Montreuil, a Saint-Gervais, dans la plaine de Saint-Denis ils devraient être les plus vastes, comme les plus faibles sur la rive gauche.

Afin que les garnisons partielles pussent aisément recevoir des renforts, il faudrait entre les camps des communications faciles.

Sur la Seine, *au sud*, le pont de Grenelle servirait à la communication des deux camps de Vaugirard et du bois de Boulogne.

A l'ouest, de Suresnes à Saint-Denis, aux communications insuffisantes d'Asnière et de Neuilly, il y aurait à en ajouter au moins deux autres à l'aide de ponts de bateaux, l'un au-dessous de Suresnes et l'autre près de Saint-Ouen. Toutes ces communications, d'une rive à l'autre de la basse Seine, seraient couvertes par des ouvrages de campagne construits par les recrues [1]. On remarquera que ces légers ouvrages n'auraient pas ici le même inconvénient que s'ils étaient placés en avant des premières lignes de défense.

Enfin, sur la rive droite de la basse Seine, depuis les fortifications en face de Suresnes jusqu'à Saint-Ouen, une voie serait au besoin préparée le long de la rivière, et quelques terres jetées en forme d'épaulement vers la rive, afin que l'artillerie pût se porter partout promptement, et qu'elle fût en partie couverte ainsi que les fusiliers.

Sous le point de vue des dépenses, abstraction faite du fort du Mont-Valérien et de la place Villeneuve-Saint-Denis, en coûterait-il plus pour toutes les fortifications de cette vaste enceinte que pour l'enceinte partout bastionnée, que le Gouvernement veut faire construire sans dehors avec contrescarpes en terre, enceinte que l'on pourrait battre de loin et qui serait établie plus près de Paris sur des terrains d'un bien plus haut prix?

On en pourra juger par quelques exemples.

Les cinq redoutes qui fermeraient la trouée du Mont-Valérien à l'île de Croissi, et les dix-sept ou dix-huit

---

[1] Au lieu d'une tête de pont à Neuilly, il y aurait simplement à supprimer les parapets en pierre et à l'entrée de ce pont sur la rive droite, à faire au dernier moment une coupure avec fossé d'une profondeur de 3 à 4 mètres, revêtu des deux côtés en maçonnerie de pierre et plâtre, parapet en terre, escarpe moins élevée, etc. ; quelques pièces de campagne en batterie suffiraient alors pour interdire ce passage.

redoutes à élever le long de la Seine jusqu'à la nouvelle place de Saint-Denis, en les portant l'une dans l'autre, terrain, terrassements et maçonnerie, à 100,000 et même 120,000fr., elles n'occasionneraient au plus qu'une dépense de 2,640,000 fr. Il y aurait de plus la tête de pont d'Argenteuil, d'ailleurs si importante à occuper, et devant comprendre de quatre à cinq fronts; plus, le fortin de la butte d'Orgemont.

Le long du canal Saint-Denis, dont les fortifications n'occuperaient qu'une lisière sur des terrains déjà en grande partie acquis, il n'y aurait non plus de grands frais pour le fossé à creuser, à revêtir, et pour le rempart en arrière avec terre-plein, de même que pour les lunettes et têtes de pont.

Ce serait de Pantin jusqu'au bois de Vincennes et au pont de Saint-Maur qu'il y aurait le plus de dépenses à faire en fronts bastionnés et ouvrages avancés, sur une étendue de 7 kilomètres environ; car le long de la Marne, favorisé qu'on serait par la rivière, les canaux et les hauteurs, il y aurait surtout à établir des batteries et un chemin couvert infranchissable, la grande tête de pont de Charenton devant d'ailleurs prendre des revers sur la Marne en amont.

Enfin, sur la rive gauche de la Seine, nous pensons qu'il y aurait avantage à comprendre dans l'enceinte le Grand-Montrouge, que le tracé du Gouvernement laisse en dehors, évitant ainsi le retour sur le plateau de Gentilly.

A ce sujet, il est à remarquer que, renonçant aux forts détachés, il faudrait pourtant, sur la rive gauche, quelques établissements militaires, au moins un magasin à poudre, des magasins d'artillerie, et que, sous ce rapport, le Grand-Montrouge, plus éloigné, position d'ailleurs favorable pour des retours offensifs et qu'il y aurait inconvénient à laisser occuper par l'ennemi, se trouve au centre entre les deux rives d'amont et d'aval de la Seine ; qu'enfin, le parc en arrière des fortifications qu'on élèverait, présenterait un emplacement convenable pour les établissements militaires à faire sur ce point.

Quant aux servitudes inhérentes aux fortifications et qui doivent peser sur la capitale en tout temps, en temps de paix comme en temps de guerre, la différence dans les deux cas est trop grande pour que nous insistions beaucoup sur ce point.

D'une part, une enceinte de fronts bastionnés qui entoureraient la ville de Paris, et les forts détachés plus loin qui, les uns et les autres, outre la grande surface de terrains qu'ils absorberaient, grèveraient même une grande partie du sol entre eux ;

D'autre part, quelques redoutes éparses bien au loin, la ligne du canal de Saint-Denis et les servitudes reportées sur les hauteurs de Romainville et le long de la Marne, les courtines des bastions comblés en temps de paix, etc.

En un mot, en temps de paix, Paris, grande place de guerre dans un cas et ville ouverte dans l'autre, sans différence proportionnelle, il s'en faut, dans la résistance et dans ses résultats, en temps de guerre ; en effet :

Si l'ennemi, après les événements les plus malheureux, parvenait jusque sous les murs de la capitale ;

D'un côté, pour lui résister, on aurait une enceinte et des retranchements capables de se suffire à eux-mêmes, tandis que l'enceinte bastionnée avec ses contrescarpes en terre, sans dehors, exigerait l'appui des forts détachés qui n'auraient eux-mêmes de valeur, que par le concours de l'armée qui, ainsi acculée pourrait bien tenir en échec l'ennemi, mais sans les résultats décisifs qu'on obtiendrait autrement, si libre dans ses manœuvres et appuyée à quelques places voisines, ainsi que nous l'avons dit, sa tâche était d'opérer sur les flancs des alliés pour venir les surprendre sous les murs de la capitale, épuisés qu'ils seraient par les fatigues et par les privations [1].

Enfin, dans les circonstances actuelles, pressé par le temps et les événements, serait-il possible de mettre bientôt une enceinte aussi vaste à l'abri des surprises et des attaques de vive force, au moins sur les points les plus menacés?

Par ce qui précède, on a pu voir comment nous avons cherché à faire tourner au profit de la défense les obstacles naturels, la Seine, la Marne, le canal Saint-Denis, etc.

A *l'ouest*, l'ennemi aurait deux passages de rivière à effectuer, le premier sous le feu de nos redoutes, qui avec leurs fossés non revêtus, n'interdiraient pas moins le passage à l'ennemi qui, même pour le tenter, devrait avoir des équipages de pont de bateaux.

Au *nord*, Saint-Denis avec ses inondations, puis le canal en arrière et sur toute sa longueur, avec

---

[1] Une remarque à faire encore : A l'aide de trois forts seulement détachés ainsi à 10 ou 15 lieues de Paris, quelques-uns de nos corps d'armée étant placés en observation entre eux et la capitale, et par conséquent à de petites distances de Paris, bien pourvus, bien appuyés, sans bagages, combien ne serait-il pas difficile à l'ennemi même pour pouvoir vivre, les subsistances ayant été enlevées, de se disséminer sous les remparts si étendus de la ville, sans courir risque d'être pris entre deux feux et d'être écrasé en détail avant d'avoir pu se concentrer pour résister ?

un deuxième fossé plein d'eau à creuser parallèlement, et le rempart en arrière à élever.

A *l'est*, la Marne, le canal Saint-Maur, le canal de décharge, les hauteurs et les revers de la tête de pont de Charenton, rendraient les moyens de défense faciles, en sorte que sur toute la rive droite de la Seine il n'y aurait, sur une étendue de plus de sept lieues, que depuis Pantin jusqu'au bois de Vincennes où devraient être portés tous les soins à mettre ces positions en état de défense. Partout ailleurs, l'ennemi ne pourrait guère tenter ni surprises ni attaques de vive force, comme il pourrait le faire sur des forts détachés isolés, et sur une enceinte qui ne s'appuierait pas sur des obstacles naturels, les uns et les autres étant aussi sans revêtements, l'enceinte étant même masquée en partie par des murs et par des habitations.

Enfin, dans de telles circonstances si pressantes, au lieu de disséminer ses efforts pour mettre sur ces points deux lignes en état de défense, ne vaudrait-il pas beaucoup mieux les concentrer sur une seule ligne, pour la rendre plus forte, l'enceinte continue en arrière offrant même trop peu de communications avec la première ligne [1]?

Mais cette étendue à garder, dira-t-on, sera beaucoup trop grande; objection peu fondée, puisque les quatre cinquièmes environ de cette étendue seront défendus par des obstacles naturels, et que ni surprises, ni attaques de vive force n'y étant à craindre, et les

---

[1] Outre tous les moyens secondaires à employer sur les points les plus importants ou les plus menacés, tels que palissades, fraises, trous de loup, etc., les contrescarpes pourraient, sur ces points, être revêtues en maçonnerie de faible épaisseur, en substituant même *accidentellement* le plâtre au mortier.

défenseurs ne manquant pas, il n'y aurait pas là à employer des troupes aguerries.

D'ailleurs, serait-ce donc si peu, de tenir en échec, d'Argenteuil jusqu'à la pointe du coude de la Marne et jusqu'à Charenton, l'ennemi dépourvu de subsistances, avec l'appui que nous tirerions de nos troupes dans *deux* camps sur la Seine et sur l'Oise, qu'il faudrait aussi songer à retrancher, ce à quoi se prêteraient aisément ces cours d'eau?

Nous ne mentionnerons pas les travaux à faire sur la rive gauche de la Seine, parce que notre ligne d'enceinte différerait peu de celle de l'enceinte projetée. Quant aux forts détachés, ébauchés seulement et isolés qu'ils seraient, ils auraient bien peu de valeur, etc.

Sans doute les ouvrages en pareil cas n'offriraient pas la même consistance que s'ils étaient solidement construits, revêtus et bien armés, et que si le système de défense était bien complet, mais l'activité que le Gouvernement déploie dans les travaux qu'il a déjà fait commencer, est un sûr garant qu'ils seraient conduits avec célérité et bien exécutés.

Quoi qu'il en soit du système de fortification préférable et à adopter, deux observations nous restent à faire:

Pour les revêtements en maçonnerie, il faudra tant de matériaux que les exploitations ordinaires n'y suffiraient pas, lors même qu'elles seraient entièrement affectées à ces constructions. Afin que les travaux ne fussent pas exposés à être en souffrance, il serait donc nécessaire d'organiser sur de larges bases l'exploitation des carrières, et d'aviser aux moyens d'avoir de la chaux et du sable en assez grande quantité.

Le Gouvernement, en faisant lui-même l'acquisition de carrières, pourrait les faire exploiter par des mineurs et des artilleurs, et organiser, à l'aide des soldats et chevaux du train, des moyens de transport. Par de semblables dispositions, il parviendrait à la fois à subvenir à tous les besoins, et à éviter des perturbations dans les constructions civiles qui emploient tant d'industries différentes, exposées autrement à souffrir, à être paralysées, etc.

Nos soldats doivent concourir à l'exécution des travaux ; s'il est glorieux de braver les périls, d'exposer sa vie sur les champs de bataille pour la défense de son pays, il est beau aussi de lui assurer, par des travaux pénibles, des moyens de résistance efficaces. A des troupes formées même en corps d'observation sur les frontières, on compte des campagnes ; n'y aurait-il donc pas justice à en faire autant pour les militaires employés aux travaux de fortification ?

RÉSUMÉ.

Le Gouvernement, en affectant de prime abord *cent* millions aux travaux de défense à faire autour de la capitale, prouve assez toute l'importance qu'il attache à ce que Paris ne puisse en aucun cas être occupé par l'ennemi.

Mais en concentrant ainsi sur la capitale tant de moyens, tant de fortifications qui accroîtront en même proportion les charges, et multiplieront les servitudes les plus onéreuses, n'y a-t-il pas à regretter que pour une telle défense le concours de l'armée soit encore nécessaire, et que ses efforts ayant un but restreint, on ne puisse même s'en promettre des résultats bien décisifs?

Paris ne doit pas seulement être considéré en lui-même avec son immense population, avec ses exigences en temps de paix et ses besoins en temps de guerre : dans ce dernier cas, lorsqu'après de grands revers, par suite d'événements les plus malheureux, les alliés s'approcheraient de la capitale, ne serait-elle pas alors le centre où afflueraient toutes les ressources des contrées non occupées par l'ennemi ? hommes et choses ne manqueraient pas, l'essentiel serait de disposer de tous ces moyens de la manière la plus convenable.

L'enceinte la plus vaste, qui, en temps de paix, permettrait de considérer Paris comme ville ouverte, serait encore avantageuse dans les circonstances de guerre les plus difficiles, puisqu'il n'y aurait ni blocus, ni batteries incendiaires à craindre. Comme il y aurait place pour tout, hommes et subsistances, celles-ci tirées surtout des contrées que l'ennemi devrait occuper, la garnison, qu'on pourrait rendre aussi nombreuse qu'on le voudrait, serait répartie dans des camps avec communications faciles entre eux et à portée des retranchements à défendre; en sorte qu'à raison de la population surabondante et de Paris et des contrées diverses, et du grand matériel disponible dans la place d'armes de Villeneuve - Saint - Denis, on pourrait garnir les remparts les plus étendus.

Mais ici, les hommes qu'il faudrait faire concourir à la défense, ne seraient pas exercés, aguerris comme des soldats dont la place serait aux armées. Il faudrait donc d'assez bons retranchements, qui fussent surtout à l'abri des surprises et des attaques de vive force, et liés les uns aux autres.

Or, en mettant à profit les obstacles naturels, les cours d'eau, etc., outre l'économie de temps et d'argent dans la confection des ouvrages, ces obstacles offriraient d'autres avantages bien plus précieux encore contre les surprises et les attaques de vive force.

En suivant le cours de la Seine dans ses circuits, en tenant compte du canal Saint-Denis, des inondations, des fossés pleins d'eau, du cours de la Marne, etc., on trouve que du saillant de l'île de Croissi jusqu'à Saint-Denis, de Saint-Denis jusqu'à Pantin, du pont Saint-Maur jusqu'à Charenton, etc., des retranchements pourraient être établis derrière ces obstacles, avec de tels avantages, qu'il n'y aurait plus sur une aussi vaste étendue, à se garer des surprises et des attaques de vive force, que de Pantin au bois de Vincennes, et à combiner les ressources de la fortification pour mettre ces dernières positions sur un pied de défense assez respectable.

Une telle enceinte ne serait pas d'ailleurs livrée à elle-même :

Au lieu de dix-huit à vingt forts isolés sous les murs de Paris, et dont deux au plus seraient appelés à jouer un rôle, les garnisons et le matériel des autres étant paralysés, à l'aide seulement de trois grands forts détachés plus au loin, camps retranchés et à la fois têtes de pont, à quinze ou vingt lieues de Paris, sur la Seine, la Marne et l'Oise, Paris conserverait l'appui de nos corps d'armée tenant la campagne, et opérant sur les flancs et sur les derrières de l'ennemi avec d'autant plus d'avantages que, bien pourvus, sans bagages, ils seraient plus mobiles et pourraient agir avec succès contre l'ennemi, qui, sous les murs de la capitale, ne pourrait rester concentré, parce qu'il manquerait de vivres, et qui, disséminé, serait pris entre deux feux.

De quelle utilité ne seraient pas alors les têtes de pont

permanentes sur la Marne et sur la Seine, sous Paris, notamment celle d'Argenteuil, pour de telles combinaisons, capables de perdre l'ennemi, s'il avait la témérité de s'avancer en force jusque sous les murs de la capitale?

Les cent millions que le Gouvernement se propose d'employer aux travaux seuls de Paris, pourraient ici suffire pour la construction *et* des trois camps retranchés, *et* de la place toute militaire de *Villeneuve* Saint-Denis, *et* de l'enceinte entière qui, en temps de paix, ne rendrait pas Paris place de guerre, et le délivrerait des servitudes les plus onéreuses.

Ainsi, par les moyens les plus simples et les moins gênants, Paris pourrait être considéré comme imprenable, *puisqu'il serait défendu à l'ennemi, sous peine d'être anéanti, de se présenter en force devant la capitale,* avant d'avoir fait des siéges et s'être emparé de deux des camps retranchés.

C'est lorsque la guerre est imminente, et qu'il faut faire de grands préparatifs si dispendieux, comme dans les circonstances présentes, qu'on peut bien juger de quelle haute importance serait :

1°. Un bon système de défense du territoire qui, supprimant sur les frontières plusieurs petites places onéreuses en temps de paix, et plus onéreuses encore en temps de guerre, assurerait, par de nouvelles places dans l'intérieur, à nos armées des points d'appui et des ressources de tout genre;

2°. Une bonne loi de recrutement qui, avec un budget de la guerre *moindre,* permettrait de réunir *au besoin* en moins d'un mois, sous les drapeaux, plus de huit cent mille soldats de vingt à trente ans, *tous* exercés.

A considérer les éléments de la puissance nationale *dans ses rapports avec les hommes*, armée, réserves, gardes nationales, et *dans ses rapports avec les choses*, matériel, armes, munitions, établissements d'artillerie, fortifications, voies de communication, chemins de fer, etc., que de sujets importants à traiter, que de grandes questions à discuter pour bien apprécier ce qu'est actuellement la puissance nationale de la France et ce qu'elle pourrait ou devrait être !

Dans ce résumé, il faut bien que nous nous bornions à dire que plusieurs dizaines de millions en sus des cent pour la capitale, qui seraient consacrés à fortifier d'une manière permanente des positions à l'intérieur sur des rivières, la Seine, l'Aube, la Marne, etc., etc., de telles dépenses en travaux durables seraient assurément aussi productives que celles en canaux et en chemins de fer, soit par les garanties de force et de puissance qu'elles concourraient, avec les résultats d'une bonne loi de recrutement, à donner au pays, soit par la stabilité qu'elles assureraient aux affaires industrielles et commerciales. Alors, avec une direction ferme, invariable, assurée aux affaires gouvernementales, il n'y aurait pas de coalition qui pût imposer au Gouvernement français; car, fort de ses principes, armé comme il le serait du levier de la puissance morale, seul il pourrait défier tous les gouvernements de la chrétienté.

NOTE.

Dans son dernier écrit : *Réponse à l'auteur de l'ouvrage intitulé : du Projet de fortifier Paris,* 1840 , chez Corréard jeune, « M. le général Rogniat persistant dans l'opinion que le seul genre de fortifications qu'il convienne d'élever autour de Paris , doit consister en des camps permanents , » page 2. Reconnaissant sans doute aussi que les preimers forts de 1833 étaient trop rapprochés de Paris , il exposait en dernier lieu son opinion de la manière suivante [1] :

Page 14. « On sait que de la Marne à la Seine , le côté probable de l'arrivée des colonnes ennemies , règne une superbe position de quatre lieues d'étendue entre Nogent et Saint-Denis. La clef de cette position est le beau plateau de Nogent à Romainville et Pantin, dont il faudrait occuper les contre-forts par cinq forts assez consistants pour résister aux attaques de vive force d'une armée , assez grands pour renfermer les établissements voûtés à l'épreuve, nécessaires à une défense isolée, savoir : le premier au-dessus de Nogent ; le deuxième sur la gauche de Fontenay ; le troisième au-dessus de Rosny ; le quatrième en avant de Romainville, et le cinquième au-dessus de Pantin. On ferait de Saint-Denis une place forte ; le milieu de la plaine entre Saint-Denis et Pantin serait protégé par un fort en avant d'Aubervilliers. Le canal Saint-Denis qui se joint à celui de l'Ourcq , ferme la plaine en arrière. De Saint-Denis au pont de

[1] En 1816, dans ses *Considérations sur l'Art de la Guerre,* M. le général Rogniat s'exprimait ainsi , page 491 :

« Quant aux capitales , les habitudes, les besoins , la manière d'être enfin de leurs nombreux habitants , incapables de supporter les privations qu'entraîne la guerre , mettent ordinairement un obstacle invincible à leur défense.

« Il faut se borner à défendre les approches d'une capitale par des corps d'armée soutenus par des fortifications passagères, et établir non loin d'elle une grande place centrale qui soit un arsenal général d'armes et d'artillerie , et le dernier grand dépôt de l'armée. Cette place en France serait sur la Loire. »

Sèvres, la Seine couvre les approches de Paris sur quatre lieues d'étendue; il suffirait d'éclairer et de défendre son cours par quatre fortins élevés sur la rive droite.

« Sur la rive gauche de la Seine, on occuperait les hauteurs de Meudon par un *bon* et *grand fort*, qui *deviendrait la clef de* cette position. De là jusqu'aux hauteurs d'Ivry, cinq forts placés presque en ligne droite, suffiraient pour assurer de ce côté la défense éloignée. Le dernier, celui au-dessus d'Ivry, se lierait à celui de Charenton, dont on ferait une petite place. L'isthme de Saint-Maur, formé par une grande sinuosité de la Marne, serait occupé par un bon fort, qui terminerait notre cordon défensif.

« Ce cordon, formé de dix-sept forts et de deux petites places, est fermé par des lignes continues sur les trois cinquièmes de son pourtour, savoir : la Marne de Charenton à l'isthme de Saint-Maur, et de l'isthme à Nogent; le canal de Pantin à Saint-Denis, qu'on renforcerait au besoin de quelques ouvrages de campagne pour défendre ses écluses transformées en barrages; enfin la basse Seine de Saint-Denis au pont de Sèvres. Les lignes continues donnent sans doute plus de sécurité à la défense, mais elles ont le grand inconvénient de gêner singulièrement les manœuvres d'attaque et les retours offensifs. On concilierait les intérêts de la défense et ceux de l'attaque en fortifiant, *au moment du besoin, par des ouvrages de campagne,* le plateau en avant de Saint-Denis, les hauteurs du Mont-Valérien et de Saint-Cloud au delà de la Seine, ainsi que le pont de Sèvres et les têtes de po t de Charenton. »

Page 19. « Paris n'étant plus exposé à être assiégé, on peut se borner à une simple enceinte de sûreté, destinée uniquement à assurer la sécurité des habitants contre les partis ennemis qui, réussissant à se faire jour entre les forts, voudraient tenter de pénétrer en ville. Un mur d'enceinte de 8 à 10 mètres de haut, flanqué de quelques petits bastions ou porte-flancs, et précédé d'une voie découverte de 40 à 50 mètres de large, à partir du pied du mur, suffirait à ce rôle. »

Page 23. « Ce système de défense suppose l'emploi de troupes de campagne disponibles sous Paris. Qu'on ne s'inquiète pas de cette exigence, *même dans le cas d'une défensive de flanc;* on en aura nécessairement, l'armée principale se laissât-elle séparer de la capitale à la suite de ses manœuvres de flanc : d'abord le corps d'observation qu'il faut bien laisser de toute nécessité devant toute armée qui pénètre dans l'intérieur, ensuite les jeunes troupes encadrées dans les dépôts des corps ; organisation que les immenses ressources de la capitale permettent d'improviser dans son sein plus promptement qu'ailleurs, tandis que la garde nationale de Paris et de ses environs se chargerait de la garde des forts et de l'enceinte. L'armée active serait sans doute peu nombreuse ; mais l'ennemi, obligé de laisser la masse de ses forces pour contenir notre armée et l'empêcher de manœuvrer sur ses flancs, ne pourrait envoyer qu'un détachement sur Paris : les armées étant peu nombreuses de part et d'autre, on se trouverait à deux de jeu. »

Nous nous permettrons une seule réflexion sur la manière dont nous sommes disposés à nous représenter hommes et choses suivant nos idées et nos préventions.

M. le général Rogniat admet sans doute ici que recrues, gardes nationaux et soldats feraient au moins leur devoir, s'ils ne rivalisaient de zèle ; cependant il les représente sous un tout autre aspect, lorsqu'il cherche à démontrer, page 11, qu'une enceinte continue est insuffisante, fût-elle en état de soutenir un siége.

« Voilà les troupes déjà découragées par une longue retraite... les soldats intimidés et humiliés par de longs revers.... des recrues arrachées violemment à leurs familles ! »

Il semble que dans la supposition où des influences aussi funestes auraient action sur les troupes, celles-ci se défendraient encore derrière de bons retranchements formant enceinte, et auprès desquels elles seraient campées, plutôt qu'en plaine rase ou derrière des ouvrages de campagne élevés à la hâte au dernier moment et à peine achevés, et même que dans des forts isolés assez consistants pour résister aux attaques de vive force d'une armée.

TABLE DES MATIÈRES.

Considérations générales................... Page 7

Conditions auxquelles les fortifications de Paris devraient satisfaire........................... 18

— Paris considéré en lui-même................... 21

— Ses moyens de défense considérés par rapport à ceux du territoire........................... 25

Des deux anciens projets (enceinte continue et forts détachés)........................... 34

— Enceinte continue................... 36

— Forts détachés................... 42

Projet actuel du gouvernement................... 49

Enceinte proposée. — Ses avantages................... 55

Résumé........................... 84

Note........................... 89

FIN.